Das Führungsbrevier

Sprüche und Aphorismen
für (und gegen)
Politiker und Bürokraten

ISBN 3-8305-0372-5

Horst Hanke (Hrsg.)

Das Führungsbrevier

**Sprüche und Aphorismen
für (und gegen)
Politiker und Bürokraten**

zusammengestellt und kommentiert von Horst Hanke,
Diethard Osmenda, Franz Prast und Jürgen Seefeldt

illustriert von Rolf Nucklies

mit einem Vorwort von Professor Dr. Carl Böhret

BWV · BERLINER WISSENSCHAFTS-VERLAG GmbH

Bibliografische Informationen Der Deutschen Bibliothek

Die Deutsche Bibliothek verzeichnet diese Publikation in der
Deutschen Nationalbibliografie; detaillierte bibliografische Daten
sind im Internet über <http://dnb.ddb.de> abrufbar.

ISBN 3-8305-0372-5

Titelillustration von Rolf Nucklies:

"Die meisten Bürokraten litten schon als Kinder
unter der schier unendlichen Weite ihres Laufstalls."
(Arnulf Herrmann)

© 2003 BWV · BERLINER WISSENSCHAFTS-VERLAG GmbH,
Axel-Springer-Str. 54 b, 10117 Berlin
Printed in Germany. Alle Rechte, auch die des Nachdrucks
von Auszügen, der photomechanischen Wiedergabe
und der Übersetzung, vorbehalten.

Vorwort

Wie entsteht eine besondere Sammlung von Aphorismen und Sprüchen über und für die Verwaltung? Sie ergibt sich, wenn zwanzig gut ausgewählte Führungskräfte in einem Zeitraum von gut zwei Jahren immer wieder zusammenkommen, um auf der Grundlage breiter beruflicher Erfahrungen nochmals dazuzulernen, sich auszutauschen, die Modernisierung der Verwaltung vorzudenken und sich auf Leitungspositionen vorzubereiten.

Während der auf 16 Wochen verteilten intensiven Weiterentwicklung der Führungskompetenzen, dem „Führungskolleg Speyer" (FKS), fielen so manche ironische Wortspiele und nachdenkliche Spruchweisheiten, von Dozenten und von Kollegiaten selbst. Einige schrieben sie auf, später wurden sie ergänzt – auch in Nachfolgetreffen – oft gespiegelt an der zwischenzeitlich fortgeschrittenen Wirklichkeit des beruflichen Alltags.

„Führung" ist ein schwieriges Unterfangen. War es immer, wird es bleiben. Führung ist ein herausforderndes Geschäft in immer wechselnden Lagen mit neuen und gebliebenen Mitwirkenden. Führung erfordert deshalb ganz besondere Fähigkeiten; nicht alle (aber die meisten schon) sind erkennbar. Praktische Führung ist sehr wichtig – aber es ist auch nützlich, theoretische und methodische Einordnung und immer wieder persönliche Hilfen zu erwerben.

Ohne Reflexion – auch als ironische und selbstkritische Besinnung – läßt sich diese differenzierte Aufgabe selten erfolgreich lösen. Gelegentlich befreien „situative Aussprüche" sogar aus Mißstimmungen; erheiternde Zitate können den Fortgang festgefahrener Situationen bewirken, klassische Aphorismen unterstützen typische, verallgemeinerbare Erkenntnisse, bringen sie „auf den Punkt".

So entstand diese Sammlung von Kernsprüchen, so wurde sie auch im kleinen Kreis schon benutzt. Dieses Brevier konzentriert sich auf „Führung", allerdings in erweitertem Sinne, also auch auf die Rahmenbedingungen, auf die externen Einflüsse und die Umstände, unter denen Führung stattfinden kann und muß.

Die Aphorismen sind fünf Kapiteln zugeordnet, welche die wichtigsten Aspekte der Führung und des Führens widerspiegeln: fachliche, organisatorische, soziale und personale Kompetenz und eben die Rahmenbedingungen dafür.

Aus der Untergliederung jeden Kapitels gelangt man mühelos zu einzelnen Bereichen des Führungsphänomens; das Büchlein läßt sich deshalb auch als Nachschlagewerk benutzen, etwa um ein passendes Zitat für einen eigenen Vortrag oder für eine Veröffentlichung zu finden. Oder einfach, um sich zum einen oder anderen Führungsphänomen ein wenig zu ergötzen.

Die beigefügten Karikaturen von Rolf Nucklies sollen auflockern, veranschaulichen, „graphisches Zitat" sein.

Großer Dank gebührt den Herausgebern für die mühevolle Arbeit des Sammelns, Auswählens und Einordnens, nicht zuletzt Horst Hanke für die Schlußredaktion. Aber auch die Teilnehmerinnen und Teilnehmer des II. Führungskollegs bei der Deutschen Hochschule für Verwaltungswissenschaften Speyer seien für ihre kreative Mitwirkung gelobt. Das Büchlein wird dem verstorbenen Mitherausgeber Diethard Osmenda gewidmet.

Speyer, im Frühjahr 2003　　　Univ.-Prof. Dr. Carl Böhret,
　　　　　　　　　　　　　　Leiter des 2. Führungskollegs
　　　　　　　　　　　　　　　　　　　Speyer (FKS)

Inhaltsverzeichnis

1. **Rahmenbedingungen für Führung**   9
   - Bürokratie – Verwaltung   11
   - Reformen   18
   - Politik   32
   - Allgemeine menschliche Eigenschaften   42

2. **Fachliche Kompetenz**   63
   - Generalist – Spezialist   65
   - Vortrag – Rhetorik – Aphorismen   69
   - Lernen – Ausbildung – Fortbildung   75
   - Wissen – Erfahrung   82

3. **Organisatorische Kompetenz**   101
   - Ziele – Planung – Strategie   103
   - Problemlösung – Verfahren   113
   - Erfolg – Effizienz   130
   - Zeitmanagement   141
   - Gespräche – Besprechungen – Konferenzen   146
   - Verhandeln und Argumentieren   154

4. **Soziale Kompetenz**   161
   - Anerkennung – Lob – Kritik   163
   - Zusammenarbeit – Arbeiten im Team   172
   - Überzeugung – Motivation – Vertrauen   177
   - Führen nach Außen – Öffentlichkeitsarbeit   183

5. **Persönliche Eigenschaften**   185
   - Glaubwürdigkeit – Vorbild   187
   - Selbstmanagement – Selbstkritik   192
   - Ehrgeiz – Karriere   199
   - Verhalten als Chef   208

1. Rahmenbedingungen für Führung

*Beamte sind wie die Bücher einer Bibliothek:
die am wenigsten brauchbaren sind am
höchsten plaziert.*
(Paul Masson)

Bürokratie – Verwaltung

Es sind nicht die Institutionen, welche die Menschen verderben, sondern die Menschen verderben die Institutionen.

(Lothar Schmidt)

Was gibt uns die Verwaltung? Die Verwaltung gibt uns zu denken!

(Lothar Schmidt)

Die Staatsverwaltung ist eine praktische Kunst. Sie hat die Aufgabe, mit dem geringsten Aufwand an Arbeit, Zeit und Geld einen möglichst großen Nutzen für das im Staat vereinigte Volk zu erzielen. Deshalb ist die praktische Arbeit die Pflicht jedes Beamten.

(Regierungsblatt für Württemberg No. 22/1928)

Die Aufstellung starrer Verwaltungsgrundsätze ist in der Regel mit den Bedürfnissen des Lebens .... nicht vereinbar, also unpraktisch.

(Regierungsblatt für Württemberg No. 22/1928)

Ich habe hier bloß ein Amt, und keine Meinung.

(Friedrich von Schiller)

Die Institution ist der verlängerte Schatten des Menschen.

(R. W. Emerson)

In jeder Organisation gibt es eine Person, die Bescheid weiß; diese Person muß entdeckt und gefeuert werden, sonst kann die Organisation nicht funktionieren.

(Cyril Northcote Parkinson)

In den obersten Behörden wird der Amtsschimmel zum Pegasus.

(Autor unbekannt)

Wir haben noch nicht einmal Geld, um zu sparen.

(Manfred Rommel)

Haushaltsplanung ist die gleichmäßige Verteilung der Unzufriedenheit.

(Autor unbekannt)

Der oberste kameralistische Grundsatz lautet: Was eh da ist, kostet nichts.

(FKS-Zitat)

Umso komplizierter eine Vorschrift, umso mehr verlangt das Leben, daß man sie teilweise nicht beachtet.

(Manfred Rommel)

Funktionäre sind wie die Bücher einer Bibliothek: die am wenigsten brauchbaren sind am höchsten plaziert.

(Paul Masson)

Bürokratie – Verwaltung

Wenn mehr als eine Person für einen Fehler
verantwortlich ist, hat ihn keiner gemacht.

(Autor unbekannt)

Das Peter-Prinzip bedeutet, daß jemand so lange
befördert wird, bis er die Stufe der Unfähigkeit erreicht
hat. Da Meta-Peter-Prinzip bedeutet folglich, daß
jemand, wenn er die Stufe der Unfähigkeit erreicht hat,
weiterbefördert wird, weil er weggelobt wird.

(Carl Böhret und Horst Hanke)

Form follows function

(Bauhaus)

Liebet die Verwaltung, auf daß sie euch liebe !

(Autor unbekannt)

Die meisten Bürokraten litten schon als Kinder unter
der schier unendlichen Weite ihres Laufstalls.

(Arnulf Herrmann)

Mit schlechten Gesetzen und guten Beamten läßt sich
immer noch regieren, bei schlechten Beamten helfen
auch die besten Gesetze nichts.

(Otto von Bismarck)

Wer sagt, daß ein Beamter kein Beschäftigungsrisiko
hat? Jeden Augenblick kann die Tür aufgehen und ein
Antragsteller hereinkommen.

(Helmar Nahr)

Es gibt zweierlei Beamte: Die einen sind kurz
angebunden, und die anderen haben eine lange Leitung.

(Werner Mitsch)

Je weniger Vorgesetzte es gibt, desto weniger werden
die Mitarbeiter von ordentlicher Arbeit abgehalten.

(Gerhard Glogowski)

Wer abtaucht, schlägt keine Wellen.

(Hermann Bolz)

Jeder, der sich heute zum Thema öffentliche
Verwaltung äußert, erntet Beifall; je weniger Ahnung
er hat, je negativer und plakativer die Äußerung ist,
umso größer ist die Zustimmung.

(Lothar Klemm)

Wenn den Verwaltungsbehörden die eigenen Probleme
wichtiger werden als ihre Aufgaben, ist dies ein
pathologischer Zustand.

(Albrecht Dehnhard)

Daß man mit dem Dienst nach Vorschrift die Urheber
der Vorschriften lächerlich machen kann, ist eine
herrliche Pointe der Bürokratie.

(Cyril Northcote Parkinson)

Derartige Angelegenheiten werden vom Minister
entschieden. Ist der Minister nicht zu erreichen,
entscheidet sein Stellvertreter. Ist dieser auch nicht da,
entscheidet der gesunde Menschenverstand.

(James Callaghan)

Bürokratie – Verwaltung

Man muß die Ämter mit Leuten und nicht die Leute mit Ämtern versehen.

(Kurfürst August von Sachsen)

Treffen Einfalt und Gründlichkeit zusammen, entsteht Verwaltung.

(Oliver Hassencamp)

Der größte Feind des Rechtes ist das Vorrecht.

(Marie von Ebner-Eschenbach)

Wenn Beamte länger arbeiten, heißt das nicht automatisch, dass auch mehr geleistet wird.

(Tyll Necker)

Wir sollten Teile von Behörden für ein Jahr schließen und hinterher fragen, ob es irgend jemand gemerkt hat.

(Willy Brandt)

Die Grenze zum Wahnsinn wird überschritten, sobald man die Tür eines Amtszimmers öffnet.

(Edmund Kreuzner)

Die zehn Gebote sind nur deshalb so kurz und prägnant, weil kein deutscher Beamter an deren Formulierung beteiligt war.

(Edmund Kreuzner)

Um eine Einkommensteuererklärung abgeben zu können, muß man ein Philosoph sein. Für einen Mathematiker ist es zu schwierig.

(Albert Einstein)

Die Einkommensteuer hat mehr Menschen zu Lügnern gemacht als der Teufel.

(William Rogers)

Der Staatsdienst muß zum Nutzen derer geführt werden, die ihm anvertraut sind, nicht zum Nutzen derer, denen er anvertraut ist.

(Cicero)

Den Namen des Rechtes würde man nicht kennen, wenn es das Ungerechte nicht gäbe.

(Heraklit)

Bei der Eroberung des Weltraums sind zwei Probleme zu lösen: die Schwerkraft und der Papierkrieg. Mit der Schwerkraft werden wir fertig werden.

(Wernher Freiherr von Braun)

Hätte man bei der Erschaffung der Welt eine Kommission eingesetzt, dann wäre sie heute noch nicht fertig.

(George Bernard Shaw)

Je mehr wir planen, regeln, reglementieren, desto mehr nimmt das Chaos zu. Das müsste man einmal einsehen: Das Chaos ist die Ordnung.

(Aurel Schmidt)

Bürokratie – Verwaltung

In den verdorbensten Staaten gibt es die meisten Gesetze.

(Tacitus)

Behüte uns Gott vor den schlimmsten Menschen, die es gibt: den Korrekten.

(Paul Anton de Lagarde)

So sagt man, jemand bekleide ein Amt, wenn er von dem Amte bekleidet wird.

(Georg Christoph Lichtenberg)

Die persönlichen Eigenschaften müssen die Obliegenheiten des Amtes übersteigen, und nicht umgekehrt.

(Balthasar Gracian)

Reformen

Personalentwicklung beginnt mit der Entwicklung der
Personalentwickler.

(Günther Leis)

Wenn wir etwas verändern wollen, verändern wir
immer Strategien oder Struktur. Vielleicht wird es
Zeit, einmal unser Verhalten zu ändern.

(Peters/Watermann)

Nichts geht von allein, es sei denn bergab.

(Rolf H. Bay)

Das menschliche Gemüt hat es gerne gemütlich. Es
wird jede Gelegenheit wahrnehmen, sich einer neuen
Denkweise zu widersetzen.

(Louise L. Hay)

Wer heute nur für sich selbst sorgen will, verspielt mit
der Zukunft anderer auch seine eigene.

(Gustav Heinemann)

Wir müssen kaum was erfinden – wir müssen es nur
anwenden.

(Ernst Buschor)

Wo ich bei einer Veränderung auf fast keinen
Widerstand stoße, muß ich mich fragen, ob tatsächlich
etwas verändert wird.

(René K. Ruepp)

Reformen

Nur wenn das, was ist, sich ändern läßt, ist das, was ist, nicht alles.

(T. W. Adorno)

Es ist also nicht damit getan, daß etwas anfange, was noch nicht war; es muß etwas aufhören, welches war.

(Friedrich von Schiller)

Wandel schafft Verunsicherung und läßt Sicherheitsstreben zur dominanten Verhaltensweise werden.

(Autor unbekannt)

Alles Unbekannte bereitet Angst.

(Siegmund Freud)

Viele wünschen sich eine Zukunft, die wie die Vergangenheit aussieht.

(René K. Ruepp)

Eine neue Art zu denken ist notwendig, wenn die Menschheit überleben will.

(Albert Einstein)

Man muß vom Weg abkommen, um nicht auf der Strecke zu bleiben.

(Markus Schulte)

Wer zu spät kommt, den bestraft das Leben.

(Michail Gorbatschow)

Wenn wir bewahren wollen, was wir haben, müssen
wir vieles verändern.

(Johann Wolfgang von Goethe)

Manche sind ihrer Zeit soweit voraus, daß ihr Rufen
von den anderen nicht gehört wird.

(Robert Jungk)

Neue Leute dürfen nicht Bäume ausreißen, nur um
nachzusehen, ob die Wurzeln noch dran sind.

(Henry Kissinger)

Menschen mit einer neuen Idee gelten so lange als
Spinner, bis sich die Sache durchgesetzt hat.

(Mark Twain)

Das größte Hindernis zur Verwaltungsreform ist meist
die Lehmschicht in den oberen Verwaltungsebenen;
diese wird somit zur "Lähmschicht".

(FKS-Zitat)

Viele Menschen versuchen, Mißstände zu bekämpfen,
indem sie sie beschimpfen.

(Manfred Rommel)

Ich kann freilich nicht sagen, ob es besser wird, wenn
alles anders wird; aber soviel kann ich sagen, es muß
anders werden, wenn es gut werden soll.

(Georg Christoph Lichtenberg)

Reformen

Freedom starts, where structures break down.

(Levis-Werbung)

Die Reform muß zuerst in den Köpfen beginnen.

(Ernst Buschor)

Ausnahmen sind nicht immer Bestätigung der alten Regel; sie können auch die Vorboten einer neuen Regel sein.

(Marie von Ebner-Eschenbach)

Krise ist ein produktiver Zustand. Man muß ihm nur den Beigeschmack der Katastrophe nehmen.

(Max Frisch)

Wer etwas ändern will, hat stets die Beweislast.

(Autor unbekannt)

Wer immer nur das tut, was er gestern schon getan hat, der bleibt auch morgen das, was er heute ist, und verdient nur das, was er gestern schon verdient hat.

(Autor unbekannt)

Wenn alle anderen gehen und ich bleibe stehen, werde ich in den Augen der anderen immer kleiner.

(Autor unbekannt)

Wer Neuerungen einführen will, hat alle zu Feinden,
die aus der alten Ordnung Nutzen ziehen, und nur
lasche Verteidiger in all denen, die von der neuen
Ordnung Vorteile hätten.

(Niccolo Macchiavelli)

Die das Dunkel nicht merken, werden sich nie nach
dem Licht umschauen.

(Henry Thomas Buckle)

Den Fortschritt verdanken wir Menschen, die entweder
fragen „warum?" oder „warum nicht?".

(Robert Lembke)

Mehrheiten zementieren das Bestehende. Fortschritt ist
nur über Minderheiten möglich.

(Bertrand Russel)

Vielleicht sind die „Spinner" von heute die Realisten
von morgen.

(Hans Jakob)

Kraft wird aus dem Zwang geboren und stirbt an der
Freiheit.

(Leonardo da Vinci)

Menschen lehnen nicht die Veränderungen ab; sie
lehnen es ab, verändert zu werden.

(Berninghaus)

Überall gilt Artikel Null des Grundgesetzes:
Besitzstände sind unantastbar.

(Ulrich von Suntum)

Sowie man etwas Gutes tun will, kann man sicher sein,
Feinde zu finden.

(Voltaire)

Die eifrigsten Reformer haben lernen müssen, daß sie
sich selbst jeglicher Macht berauben, wenn sie den
Massen zu weit voraneilen. Auf eine Revolution ist
stets eine Reaktion gefolgt.

(Kenneth Wilson)

Von oben herab muß reformiert werden, wenn nicht
von unten hinauf revolutioniert werden soll.

(Max Weber)

Jede große Reform hat nicht darin bestanden, etwas
neues zu tun, sondern etwas altes abzuschaffen.

(Henry Thomas Buckle)

Die Notwendigkeit ist der beste Ratgeber.

(Johann Wolfgang von Goethe)

Innovation ist schöpferische Zerstörung.

(Joseph Alois Schumpeter)

Ihr werdet die Schwachen nicht stärken, indem ihr die
Starken schwächt.

(Abraham Lincoln)

Wer am Ruder ist, reißt selten das Steuer herum.

(G. Uhlenbruck)

Im Zentrum des Chaos herrscht Ruhe.

(Joseph Beck)

Jetzt kommt endlich Unordnung in das Chaos.

(Autor unbekannt)

Elektrisches Licht wurde auch nicht durch die Verbesserung der Kerze erfunden.

(Autor unbekannt)

Wer heute den Kopf in den Sand steckt, knirscht morgen mit den Zähnen.

(Autor unbekannt)

Und es sprach eine Stimme zu mir: Lächle und sei froh, denn es könnte schlimmer kommen; und ich lächelte und war froh, und es kam schlimmer.

(Autor unbekannt)

Die sicherste Strategie, so gut wie alles beim alten zu lassen, ist die, vorzuschlagen, daß man so gut wie alles ändern müsse.

(Frido Wagener)

Wer sich nicht beizeiten häutet, dem wird das Fell über die Ohren gezogen.

(Bernd Walter)

Wer nicht mit der Zeit geht, muß mit der Zeit gehen.

(Autor unbekannt)

Bestehen kann, wer sich verändern will.

(Roman Herzog)

Damit das Mögliche entsteht, muß immer wieder das Unmögliche versucht werden.

(Hermann Hesse)

Alle Revolutionen haben bisher nur eines bewiesen: Nämlich, dass sich vieles ändern lässt, bloß nicht die Menschen.

(Karl Marx)

Alles, was nötig ist, damit das Schlechte in der Welt gewinnt, sind genügend gute Menschen, die nichts tun.

(Edmund Burke)

The trouble with being a pioneer is that pioneers get killed by the indians.

(Autor unbekannt)

Nichts ist so gefährlich wie das Allzumodernsein. Man gerät in Gefahr, plötzlich aus der Mode zu kommen.

(Oscar Wilde)

Das Merkwürdigste an der Zukunft ist wohl die Vorstellung, dass man unsere Zeit einmal die gute alte Zeit nennen wird.

(Ernest Hemmingway)

Ich denke viel an die Zukunft, weil das der Ort ist, wo ich den Rest meines Lebens zubringen werde.

(Woody Allen)

Das Chaos sei willkommen, denn die Ordnung hat versagt.

(Karl Kraus)

Ein Berater ist jemand, der dir deine Armbanduhr wegnimmt, um dir zu sagen, wie spät es ist.

(Roy Kinnear)

Eine neue wissenschaftliche Wahrheit pflegt sich nicht in der Weise durchzusetzen, dass ihre Gegner überzeugt werden und sich als bekehrt erklären, sondern vielmehr dadurch, dass ihre Gegner aussterben und dass die heranwachsende Generation von vornherein mit der Wahrheit vertraut gemacht ist.

(Max Planck)

Unkraut nennt man Pflanzen, deren Wert man noch nicht erkannt hat.

(Ralph Waldo Emerson)

Bedenke: Der erste Vogel bekommt den Wurm, aber die zweite Maus bekommt den Käse.

(Autor unbekannt)

Nur tote Fische schwimmen mit dem Strom.

(Autor unbekannt)

Ihr seht Dinge und fragt „warum?". Aber ich träume von Dingen, die niemals waren, und ich frage „warum nicht?".

(George Bernard Shaw)

Nichts auf der Welt ist so mächtig wie eine Idee, deren Zeit gekommen ist.

(Victor Hugo)

Nur wer sich ändert, bleibt sich treu.

(Wolf Biermann)

Ein Dogma ist nichts anderes als ein ausdrückliches Verbot zu denken.

(Ludwig Feuerbach)

Jedes Ding erscheint zunächst lächerlich, dann wird es bekämpft, schließlich ist es selbstverständlich.

(Arthur Schopenhauer)

Um die Welt zu ändern, genügt es nicht, sich einfach nur eine neue Brille aufzusetzen.

(Autor unbekannt)

Die glücklichen Sklaven sind die erbittertsten Feinde der Freiheit.

(Marie von Ebner-Eschenbach)

Krisen meistert man am besten, indem man ihnen zuvor kommt.

(Walt Whitman Rostow)

Das Paradies pflegt sich erst dann als Paradies zu erkennen zu geben, wenn wir daraus vertrieben wurden.

(Hermann Hesse)

Die besten Reformer, die die Welt je gesehen hat, sind jene, welche bei sich selbst anfangen.

(George Bernard Shaw)

Wer die Dummköpfe gegen sich hat, verdient Vertrauen.

(Jean-Paul Sartre)

Nicht die Großen werden die Kleinen fressen, sondern die Schnellen die Langsamen.

(Heinz Peter Halek)

Was gestern die Formel für den Erfolg war, wird morgen das Rezept für die Niederlage sein.

(Arnold Glasow)

Wer aufhört, besser zu werden, hat aufgehört, gut zu sein.

(Phillip Rosenthal)

In Deutschland wird es keine Revolution geben, weil man dazu den Rasen betreten müsste.

(Josef Stalin)

Reformen

Die meisten Menschen leben in den Ruinen ihrer Gewohnheiten.

(Jean Cocteau)

Hüte Dich vor Eintagsfliegen. Ihre Zeit ist begrenzt.

(Stanislaw Jerzy Lec)

Phantasten sagt man oft von Menschen, deren Uhr vorgeht. Sie sehen alles ein bisschen früher.

(Edward Anita)

Es gibt zwei Arten von Narren: Die einen sagen: „Das war schon immer so, und deshalb ist es gut!" Und die anderen sagen: „Das ist neu, und deshalb ist es besser."

(Werner Mitsch)

Der Mensch leidet an einer fatalen Spätzündung: Er begreift alles erst in der nächsten Generation.

(Stanislaw Jerzy Lec)

Immer wenn man die Meinung der Mehrheit teilt, ist es Zeit, sich zu besinnen.

(Mark Twain)

Der Wechsel allein ist das Beständige.

(Arthur Schopenhauer)

Die Menschheit besteht aus einigen wenigen Vorläufern, sehr vielen Mitläufern und einer unübersehbaren Anzahl von Nachläufern.

(Jean Cocteau)

Wir brauchen nicht so fort zu leben, wie wir gestern gelebt haben. Macht Euch nur von dieser Anschauung los, und tausend Möglichkeiten laden uns zu neuem Leben ein.

(Christian Morgenstern)

Die größte Entdeckung unserer Generation besteht darin, daß der Mensch fähig ist, sein Leben zu ändern, indem er seine Gedanken ändert.

(William James)

Es gehört oft mehr Mut dazu, seine Meinung zu ändern, als ihr treu zu bleiben.

(Friedrich Hebbel)

Die meisten Menschen sind in ihrem Beruf so eingesponnen, daß sie nicht einmal den Mut haben, aus dieser Enge durch ihre Ideen herauszutreten.

(Vauvenargues)

Um klar zu sehen, genügt ein Wechsel der Blickrichtung.

(Antoine de Saint-Exupéry)

Gewohnheiten machen alt. Jung bleibt man durch die Bereitschaft zum Wechsel.

(Attila Hörbiger)

Eine neue Gewohnheit ist leicht anzunehmen, mit einer alten Gewohnheit zu brechen ist dagegen eine heroische Leistung.

(Arthur Koestler)

Wenn du etwas so machst, wie du es seit zehn Jahren gemacht hast, dann sind die Chancen recht groß, daß du es falsch machst.

(Charles Kettenring)

Politik

Früher litten wir an Verbrechen, heute an Gesetzen.

(Tacitus)

Politik vollzieht sich in Sprache. Wo Sprachlosigkeit beginnt, hört Politik auf.

(Erhard Eppler)

Pappkameraden aufzubauen und dann mit Schwung umzurennen, ergibt noch keine sinnvolle Politik.

(Arne Daniels)

Von allen politischen Ideen ist der Wunsch, die Menschen vollkommen und glücklich zu machen, vielleicht am gefährlichsten. Der Versuch, den Himmel auf Erden zu verwirklichen, produziert stets die Hölle.

(Karl Popper)

Alle Staatsgewalt geht vom Volke aus – sagt das Grundgesetz. Doch sie kehrt nie wieder zum Volk zurück!

(Alfred Mechtersheimer)

Der Idealismus wächst mit dem Abstand zum Problem.

(Rosa Luxemburg)

Politik im herkömmlichen Sinne wird objektiv zum Chaos-Generator. Die Kunst des Möglichen produziert eine Unmöglichkeit nach der anderen.

(D. Kamper)

Die Ausrichtung der Politik auf Trends und die Ein-Problem-Politik haben ein und denselben Grund: die Unfähigkeit, über viele Dinge gleichzeitig nachzudenken.

(H. A. Simon)

Die Wissenschaftler bemühen sich, das Unmögliche möglich zu machen. Die Politiker bemühen sich oft, das Mögliche unmöglich zu machen.

(Bertrand Russell)

Nicht durch die Wirklichkeit werden die Menschen beunruhigt, sondern durch Theorien über die Wirklichkeit.

(Johann Wolfgang von Goethe)

Niemals darf man einem Übel den Lauf lassen, weil es auch ein Gutes bringen könnte, da es leicht dazu kommen kann, daß dieses Übel das Gute vernichtet.

(Niccolo Macchiavelli)

Unternehmer machen Bilanzen; wenn sie schwarz sind, haben sie gewonnen, wenn sie rot sind, bekommen sie Subventionen.

(Autor unbekannt)

Die Zahl der kreativen Einfälle bei parlamentarischen Anfragen ist äußerst überschaubar.

(FKS-Zitat)

Subsidiarität heißt: die Kirche im Dorf lassen.

(FKS-Zitat)

Es kommt nie ganz so schlimm, wie man fürchtet, und nie ganz so gut, wie man hofft.

(Hans von Seeckt)

Allein mit dem Wunsch nach einer besseren Welt läßt sich noch keine Politik machen.

(Rudi Geil)

Es geht in der Politik nicht nur ums Geschäft. Es geht auch darum, daß die Wähler nichts davon merken.

(frei nach Ephraim Kishon)

Der Bundestag ist ein Reformhaus, das sich selbst hohe Diäten und dem Kunden strenge Diät verordnet.

(Ron Kritzfeld)

Unbestechlichkeit ist heutzutage ein teures Gut, das sich manche Politiker mit hohen Diäten bezahlen lassen.

(Bernd Dreissen)

Zukunft entsteht nicht aus sich selbst heraus, sondern nur aufgrund politischer Gestaltung.

(Willy Brandt)

Geier, die über dem Opfer kreisen, liebt man nicht.

(Oskar Lafontaine)

Freiheit ist ohne Ordnung nicht möglich, und die Ordnung ist ohne Freiheit wertlos.

(Mahatma Gandhi)

Wäre ich Fürst oder Gesetzgeber, so würde ich meine Zeit nicht damit vergeuden, zu sagen, was man tun muß; ich würde es tun oder schweigen.

(Jean Jacques Rousseau)

Regieren ist eine Kunst, nicht eine Wissenschaft.

(Ludwig Börne)

Leichtsinn ist die Befriedigung heutiger Bedürfnisse aus den Einkünften von mogen.

(Ambrose Gwinett Bierce)

Wer sein Ohr am Boden hat, kann mit dem Kopf nicht in den Wolken weilen.

(Antony Jay)

Je höher die Ideale, desto niedriger die Beweggründe.

(Wolfgang Mocker)

Filz ist die Fortsetzung der Politik mit Steuermitteln.

(Wolfgang Mocker)

Wer weiß, wie Gesetze und Würste zustande kommen, der kann nachts nicht mehr ruhig schlafen.

(Otto von Bismarck)

Butterberge sind die Folge von Milchmädchenrechnungen.

(Autor unbekannt)

Die Politik ist ein Versuch der Politiker, zusammen mit dem Volk mit den Problemen fertig zu werden, die das Volk ohne die Politiker niemals gehabt hätte.

(Dieter Hildebrandt)

Ressourcen limitiern zwar, aber sie dürfen nicht entscheiden.

(Carl Böhret)

Wo alle dasselbe denken, wird nicht viel gedacht.

(Heiner Geißler)

Die Realität wird sich nicht dadurch zu unseren Gunsten verändern, daß wir sie ignorieren.

(Walter Riester)

Oft tut auch der Unrecht, der nichts tut. Wer das Unrecht nicht verbietet, wenn er kann, der befiehlt es.

(Mark Aurel)

Ein Wissenschaftler ist jemand, dessen Einsichten größer sind als seine Wirkungsmöglichkeiten. Ein Politiker ist das Gegenteil davon.

(Helmar Nahr)

Ich stimme mit der Mathematik nicht überein. Ich meine, dass die Summe von Nullen eine gefährliche Zahl ist.

(Stanislaw Jerzy Lec)

Autoverkäufer verkaufen Autos, Versicherungsvertreter Versicherungen. Und Volksvertreter ?

(Stanislaw Jerzy Lec)

Wenn die Kuh viel Milch gibt, verdient die Wiese keinen Orden.

(Frederick Banting)

Wenn ein Politiker stirbt, kommen viele zur Beerdigung, nur deshalb, um sicher zu sein, dass man ihn wirklich begräbt.

(Georges Clémenceau)

Als unverlierbaren Kinderglauben habe ich mir den an die Wahrheit bewahrt. Ich bin der Zuversicht, dass der aus der Wahrheit kommende Geist stärker ist als die Macht der Verhältnisse.

(Albert Schweitzer)

Wer heute auf die Demokratie schimpft, dem wird morgen der Marsch geblasen.

(Werner Mitsch)

Wer andere in den Sattel hebt, muß sich nicht wundern, wenn sie anschließend auf dem hohen Roß sitzen.

(Gerhard Uhlenbruck)

Wenn jeder Politiker, der einmal bewusst die Unwahrheit gesagt hat, sein Amt niederlegen müsste, würde es ziemlich leer werden in den Parlamenten und Kabinetten.

(Ernst Albrecht)

Regieren ist keine Sache für Leute von Charakter und Erziehung.

(Aristophanes)

Man kann einen Teil des Volkes die ganze Zeit täuschen, und das ganze Volk einen Teil der Zeit. Aber man kann nicht das gesamte Volk die ganze Zeit täuschen.

(Abraham Lincoln)

Der Patriot muß immer bereit sein, sein Land gegen seine Regierung zu verteidigen.

(Edward Abbey)

In der Politik ist es wie in einem Konzert: Ungeübte Ohren halten schon das Stimmen der Instrumente für Musik.

(Amintore Fanfani)

Für einen Politiker ist es gefährlich, die Wahrheit zu sagen. Die Leute könnten sich daran gewöhnen, die Wahrheit hören zu wollen.

(George Bernard Shaw)

Die Verfassung eines Staates sollte so sein, dass sie die Verfassung des Bürgers nicht ruiniere.

(Stanislaw Jerzy Lec)

Wenn jemand Landwirtschaft lernen will, kann ich nur annehmen, dass er in die Politik will. Denn zwei Jahre Mist umschaufeln ist eine gute Übung dafür.

(Hans Apel)

Wenn es den Politikern die Sprache verschlägt, halten sie eine Rede.

(Friedrich Nowottny)

Beliebtheit sollte kein Maß für die Wahl von Politikern sein. Wenn es auf die Popularität ankäme, säßen Donald Duck und die Muppets längst im Senat.

(Orson Welles)

Opposition ist die Kunst, so geschickt dagegen zu sein, dass man später dafür sein kann.

(Charles-Maurice de Talleyrand)

Die Berühmtheit mancher Zeitgenossen hängt mit der Blödheit der Bewunderer zusammen.

(Heiner Geissler)

Eine Gesellschaft von Schafen muß mit der Zeit eine Regierung von Wölfen hervorbringen.

(Bertrand de Jouvenel)

Wer eine Wahrheit verbergen will, braucht sie nur offen auszusprechen – sie wird einem ja doch nicht geglaubt.

(Charles-Maurice de Talleyrand)

Die Politik ist das Paradies zungenfertiger Schwätzer.

(George Bernard Shaw)

Viele Politiker glänzen, obwohl sie keinen Schimmer haben.

(Armin Halle)

Die Wahrheit ist etwas so Kostbares, daß Politiker gar nicht anders können, als sparsam damit umzugehen.

(Mark Twain)

Ich liebe Politiker auf Wahlplakaten: Sie sind tragbar, geräuschlos und leicht zu entfernen.

(Loriot)

Nie wird so viel gelogen wie nach der Jagd, im Krieg und vor Wahlen.

(Otto von Bismarck)

Demokratie ist ein Verfahren, das garantiert, dass wir nicht besser regiert werden, als wir es verdienen.

(George Bernard Shaw)

Früher gab es Märchenerzähler, heute Politiker.

(Hans Bernhard Schiff)

Beurteile einen Menschen lieber nach seinen Handlungen als nach seinen Worten; denn viele handeln schlecht und sprechen vortrefflich.

(Matthias Claudius)

Die besten Köpfe gibt es nicht in der Regierung. Die Wirtschaft holt sie weg.

(Ronald Reagan)

Die schlimmste Art der Ungerechtigkeit ist die vorgespielte Gerechtigkeit.

(Platon)

Demokratie, das ist die Kunst, sich an die Stelle des Volkes zu setzen und ihm feierlich in seinem Namen, aber zum Vorteil einiger guter Hirten, die Wolle abzuscheren.

(Romain Rolland)

Allgemeine menschliche Eigenschaften

Irren ist menschlich; noch menschlicher ist es, den Irrtum unter den Teppich kehren zu wollen.

(Lothar Schmidt)

Es irrt der Mensch, so lang er strebt.

(Johann Wolfgang von Goethe)

Nehmt die Menschen wie sie sind. Andere gibt's nicht.

(Konrad Adenauer)

Menschen, die keine Fehler haben, sind unausstehlich. Man kann überhaupt nichts mit ihnen anfangen.

(Anatole France)

Der Langweilige ist ein Mensch, der Dich Deiner Einsamkeit beraubt, ohne Dir Gesellschaft zu leisten.

(Gian Vicenzo Gravina)

Die schwierigste Turnübung ist immer noch, sich selbst auf den Arm zu nehmen.

(Werner Finck)

Entschlossenheit ist Starrsinn, den wir billigen.

(Ambrose Gwinett Bierce)

Der Moralist ist ein Früh-Gealterter.

(Bruno Klammer)

Allgemeine menschliche Eigenschaften

Ein Nörgler ist ein Mensch, der – wenn er kein Haar in der Suppe findet – so lange den Kopf schüttelt, bis eins hineinfällt.

(R. Steffen)

Der Gebeugte hat lauter böse Tage, der Wohlgemute hat allezeit Fest.

(Sprüche 15,15)

Das, was jemand von sich selbst denkt, bestimmt sein Schicksal.

(Mark Twain)

Humor ist der Knopf, der verhindert, daß der Kragen platzt.

(Joachim Ringelnatz)

Leute, die zu nichts fähig sind, sind zu allem fähig.

(John Steinbeck)

Die Menschen lassen sich in drei Gruppen einteilen:
1. Die wenigen, die dafür sorgen, daß etwas geschieht;
2. die vielen, die zuschauen, wie etwas geschieht;
3. die überwältigende Mehrheit, die keine Ahnung hat, was überhaupt geschehen ist.

(Winston Churchill)

Wenn man hört, wie viele genau wissen, wie man alles besser machen könnte, muß man sich wundern, warum sie es nicht endlich selber tun.

(Andreas Störzel)

Schwach anfangen und dann stark nachlassen!

(Autor unbekannt)

Alles hat sich geändert, nur das menschliche Denken nicht.

(Albert Einstein)

Die Phantasie tröstet die Menschen über das hinweg, was sie nicht sein können, und der Humor über das, was sie tatsächlich sind.

(Albert Camus)

Freiheit bedeutet Verantwortlichkeit. Das ist der Grund, warum sich die meisten Menschen vor ihr fürchten.

(George Bernard Shaw)

Wer zuviel zweifelt, der verzweifelt.

(Christoph Lehmann)

Fahre nicht aus der Haut, wenn Du kein Rückgrat hast.

(Stanislaw Jerzy Lec)

Ein gekrümmter Rücken behindert den freien Blick.

(Doppler / Lauterburg)

Der Mensch muß dienen, wenn er versorgt sein will, er dient gerne, wenn er versorgt ist.

(Johann Heinrich Pestalozzi)

Allgemeine menschliche Eigenschaften

Es gibt Leute, deren ganzer Verdienst darin besteht, daß sie nützlicherweise Dummheiten sagen und tun, und die alles verderben würden, wenn sie sich änderten.

(François de la Rochefoucauld)

Ein Dummkopf findet immer noch einen größeren Dummkopf, der ihn bewundert.

(Nicolas Boileau-Despreaux)

Mancher hat, aus Furcht zu irren, sich verirrt.

(Gotthold Ephraim Lessing)

Eigenliebe ist ein Surrogat für Charakter.

(Christian Friedrich Hebbel)

Der Fleiß führt die Gedanken aus, die der Faulheit einfallen.

(Hellmut Walters)

Nichts auf der Welt scheint so gerecht verteilt zu sein wie der Verstand: Niemand beschwert sich, zu wenig bekommen zu haben.

(Jaques Tati)

Überlege einmal, bevor Du gibst,
überlege zweimal, bevor Du nimmst,
überlege tausendmal, bevor Du forderst.

(Chinesische Weisheit)

Wenn Du einen Menschen glücklich machen willst,
dann füge nichts seinen Reichtümern hinzu, sondern
nimm ihm einige von seinen Wünschen.

(Epikur)

Nicht wer wenig hat, sondern wer viel wünscht, ist
arm.

(Seneca)

Jedermann will einen Freund haben, aber niemand gibt
sich die Mühe, auch einer zu sein.

(Alfred Kerr)

Ein Blick in die Welt beweist, dass Horror nichts
anderes ist als Realität.

(Alfred Hitchcock)

Ein leidenschaftlicher Raucher, der immer wieder von
der Bedeutung der Gefahr des Rauchens für seine
Gesundheit liest, hört in den meisten Fällen auf .... –
zu lesen.

(Winston Churchill)

Ohne ein bisschen Bosheit kann man unmöglich witzig
sein.

(Thomas Babington Macauly)

Der Verstand, und die Fähigkeit, ihn zu gebrauchen,
sind zwei verschiedene Gaben.

(Franz Grillparzer)

Furcht macht fanatisch.

(Betrand Russell)

Ratten, die das Schiff verlassen haben, nehmen es ihm übel, wenn es nicht versinkt.

(Wieslaw Brudzinski)

Der Fanatismus ist die einzige Willensstärke, zu der auch die Schwachen gebracht werden können.

(Friedrich Wilhelm Nietzsche)

Der Mensch kann die Krone der Schöpfung sein, wenn er begreift, dass er sie nicht ist.

(Carl Améry)

Anpassung ist die Stärke der Schwachen.

(Wolfgang Herbst)

Lügen ist nur dann ein Laster, wenn es Böses stiftet, dagegen eine sehr große Tugend, wenn dadurch Gutes bewirkt wird.

(Voltaire)

Wahre Schätze liegen tief – besonders die menschlichen.

(Wolperin)

Wer sich ständig kontrolliert und anpasst, hat keine Ausstrahlung.

(Renate Schmidt)

Volksmassen sind wie Lawinen, schon ein Schrei kann sie in Bewegung setzen.

(Zarko Petan)

Ein Pessimist ist ein Optimist mit Lebenserfahrung.

(Autor unbekannt)

Es gibt zwei Dinge, die unendlich sind: Das Weltall und die menschliche Dummheit. Aber beim Weltall bin ich mir noch nicht sicher.

(Albert Einstein)

Die Dummheit der Masse Mensch ist wie eine Linie ihres Gesichtes – man muß sie hinnehmen.

(Autor unbekannt)

Der beliebteste Fehler unter den Leuten, die etwas absolut idiotensicheres konstruieren wollen, ist der, dass sie den Erfindungsreichtum von absoluten Idioten unterschätzen.

(Douglas Adams)

Ein Kluger bemerkt alles. Ein Dummer macht über alles seine Bemerkung.

(Heinrich Heine)

Dem lieben Gott ist bei der Schöpfung ein Fehler unterlaufen: Er hat zwar der Intelligenz Grenzen gesetzt, aber der Dummheit nicht.

(Konrad Adenauer)

Allgemeine menschliche Eigenschaften

Das Glück ist das einzige, was sich verdoppelt, wenn man es teilt.

(Albert Schweitzer)

Interessante Selbstgespräche setzen einen klugen Partner voraus.

(Herbert George Wells)

Viele verlieren den Verstand deshalb nicht, weil sie keinen haben.

(Arthur Schopenhauer)

Denken tut weh.

(Ödon von Horvath)

Man kann die Menschen in drei Klassen einteilen: Solche, die sich zu Tode arbeiten, solche, die sich zu Tode sorgen, und solche, die sich zu Tode langweilen.

(Winston Churchill)

Jeder sieht, was Du scheinst. Nur wenige fühlen, was Du bist.

(Niccolo Macchiavelli)

In einer irrsinnigen Welt vernünftig sein zu wollen, ist schon wieder ein Irrsinn für sich.

(Voltaire)

Jeder ist für seine Dummheit selbst verantwortlich.

(Dietrich Bonhoeffer)

Alltag ist nur durch Wunder erträglich.

(Max Frisch)

Der Mensch hat Augen, die nicht alles sehen. Er hat Ohren, die nicht alles hören. Warum sollte er dann ein Gehirn haben, das alles versteht?

(Adnan Zelkanovic)

Unser Kopf ist rund, damit das Denken die Richtung wechseln kann.

(Francis Picabia)

Wenn jeder an sich denkt, ist an alle gedacht.

(Autor unbekannt)

Schreiben zu können heißt noch nicht, dass man etwas zu sagen hat.

(Pierre Salvadori)

Die beste Informationsquelle sind Leute, die versprochen haben, nichts weiterzuerzählen.

(Marcel Mart)

Der sicherste Reichtum ist die Armut an Bedürfnissen.

(Franz Werfel)

Das größte Vergnügen aller Geizhälse besteht darin, sich ein Vergnügen zu versagen.

(Gottfried Benn)

Von der Natur aus gibt es weder Gutes noch Böses.
Diesen Unterschied hat die menschliche Meinung
gemacht.

(Setus Empiricus)

Wer zugibt, dass er feige ist, hat Mut.

(Fernandel)

Niemand ist so uninteressant wie ein Mensch ohne
Interesse.

(Thomas Browne)

Ein Optimist ist in der Regel ein Zeitgenosse, der am
ungenügendsten informiert ist.

(John Priestley)

Indem die Natur den Menschen zuließ, hat sie viel
mehr als einen Rechenfehler begangen: Ein Attentat auf
sich selbst.

(Saint-John Perse)

Wir leben alle unter demselben Himmel, aber wir
haben nicht alle den selben Horizont.

(Konrad Adenauer)

Manche Menschen würden eher sterben als
nachzudenken. Und sie tun es auch.

(Bertrand Russel)

Der kürzeste Weg zwischen zwei Menschen ist ein Lächeln.

(Chinesische Weisheit)

Die Welt wird nicht bedroht von Menschen, die böse sind, sondern von denen, die das Böse zulassen.

(Albert Einstein)

Viele Menschen sind zu gut erzogen, um mit vollem Mund zu sprechen; aber sie haben keine Bedenken, es mit leerem Kopf zu tun.

(Orson Welles)

Gedanken springen wie Flöhe von einem zum anderen. Aber sie beißen nicht jeden.

(George Bernard Shaw)

Der Optimist erklärt, dass wir in der besten aller möglichen Welten leben, und der Pessimist fürchtet, dass es wahr ist.

(James Branch Cabell)

Jede Dummheit findet einen, der sie macht.

(Tennessee Williams)

Man braucht nicht geistreich zu sein, um zu beweisen, dass man begabt ist. Aber man braucht viel Geist, um zu verbergen, dass man keine Begabung hat.

(Marcel Achard)

Wer nicht gerne denkt, sollte wenigstens von Zeit zu Zeit seine Vorurteile neu gruppieren.

(Luther Burbank)

Arm ist nicht der, der wenig hat, sondern der, der nicht genug bekommen kann.

(Jean Guehenno)

Die Strafe des Lügners ist nicht, dass ihm niemand mehr glaubt, sondern, dass er selbst niemandem mehr glauben kann.

(George Bernard Shaw)

Wenn die meisten sich schon armseliger Kleider und Möbel schämen, wie viel mehr sollten wir uns da erst armseliger Ideen und Weltanschauungen schämen.

(Albert Einstein)

Dummheit ist keine Schande. Hauptsache man hält den Mund dabei.

(Werner Mitsch)

Es hat sich bewährt, an das Gute im Menschen zu glauben, aber sich auf das Schlechte zu verlassen.

(Alfred Polgar)

Der Computer ist die logische Weiterentwicklung des Menschen: Intelligenz ohne Moral.

(John Osborne)

Die Freiheit des Menschen liegt nicht darin, dass er tun kann, was er will, sondern dass er nicht tun muß, was er nicht will.

(Jean-Jacques Rousseau)

Die Menschen sind heutzutage nicht schlechter als sie früher waren. Nur die Berichterstattung über ihre Taten ist gründlicher geworden.

(William Faulkner)

Auch der Dumme hat manchmal einen gescheiten Gedanken. Er merkt es nur nicht.

(Danny Kaye)

Geistlose kann man nicht begeistern, aber fanatisieren kann man sie.

(Marie von Ebner-Eschenbach)

Toleranz ist gut. Aber nicht gegenüber Intoleranten.

(Wilhelm Busch)

Ein Zyniker ist ein Mensch, dessen mangelhafte Wahrnehmung Dinge sieht, wie sie sind, statt wie sie sein sollten.

(Ambrose Bierce)

Dummheit nützt häufiger als sie schadet. Darum pflegen sich die allerschlausten dumm zu stellen.

(Sigmund Graff)

Der Einzelne kann sich vervollkommnen. Aber die Menschheit als Ganzes wird weder besser noch schlechter.

(Denis Diderot)

Unsere Generation wird nicht so sehr die Untaten böser Menschen zu beklagen haben als vielmehr das erschreckende Schweigen der Guten.

(Martin Luther King)

Dummheiten können reizend sein, Dummheit nicht.

(Alberto Moravia)

Leute mit Mut und Charakter sind den anderen Leuten immer unheimlich.

(Hermann Hesse)

Das Denken ist zwar allen Menschen erlaubt, aber vielen bleibt es erspart.

(Curt Goetz)

Der Mensch ist das einzige Lebewesen, das von sich eine schlechte Meinung hat.

(George Bernard Shaw)

Jedes Ding hat zwei Seiten. Fanatiker sehen nur die eine.

(Hellmut Walters)

Wenige sind imstande, von den Vorurteilen der Umgebung abweichende Meinungen gelassen auszusprechen; die meisten sind sogar unfähig, überhaupt zu solchen Meinungen zu gelangen.

(Albert Einstein)

Nichts hindert so sehr daran, natürlich zu sein, wie der Wunsch, es zu scheinen.

(François de la Rochefoucauld)

Der Utopist sieht das Paradies, der Realist das Paradies plus Schlange.

(Friedrich Hebbel)

Wir sprechen fast nur denen gesunden Menschenverstand zu, die unserer Meinung sind.

(François de la Rochefoucauld)

Dummheit ist ansteckend, Verstand wächst kaum zur Epidemie aus.

(Kazimierz Bartoszewicz)

Mein unerschütterlicher Glaube an die Dummheit des Tieres Mensch hat mich nie enttäuscht und ist mir im Lauf des Lebens oft zustatten gekommen.

(Georg Christoph Lichtenberg)

Das Laster korrigiert besser als die Tugend. Ertrage einen lasterhaften Menschen, und du erschrickst vor dem Laster. Erdulde einen tugendhaften Menschen, und sofort haßt du die ganze Tugend.

(Tony Duvert)

Allgemeine menschliche Eigenschaften

Wer nicht auf seine Weise denkt, denkt überhaupt nicht.

(Oscar Wilde)

Gegen eine Dummheit, die gerade in Mode ist, kommt keine Klugheit auf.

(Theodor Fontane)

Derjenige, der zum ersten mal an Stelle eines Speeres ein Schimpfwort benutzte, war der Erfinder der Zivilisation.

(Sigmund Freud)

Zum Denken sind wenige Menschen geneigt, obwohl alle zum Rechthaben.

(Arthur Schopenhauer)

Wo ein Schaf vorgeht, folgen die anderen.

(Spanisches Sprichwort)

Niemand ist so beschäftigt wie der Faule, wenn es an die Arbeit geht.

(Wallonisches Sprichwort)

Die Menschen früherer Zeiten waren genauso schlecht wie wir. Sie wussten es nur nicht so genau.

(Tennessee Williams)

Ein schwacher Verstand ist wie ein Mikroskop, das Kleinigkeiten vergrößert und große Dinge nicht erfasst.

(Graf Chesterfield)

Die Dummheit ist die sonderbarste aller Krankheiten. Der Kranke leidet niemals an ihr. Aber die anderen leiden.

(Paul-Henri Spaak)

Der gewöhnliche Kopf ist immer der herrschenden Meinung und der herrschenden Mode konform.

(Georg Christoph Lichtenberg)

Wer seinen Mund nicht halten kann, der wird auch sein Wort nicht halten.

(Werner Mitsch)

Wenn Du wünschst, dass ein anderer Dein Geheimnis bewahre, dann bewahre es zuerst selbst.

(August Strindberg)

Alles Große und Gescheite existiert in der Minorität. Es ist nie daran zu denken, dass die Vernunft populär werde. Leidenschaften und Gefühle mögen populär werden, aber die Vernunft wird immer nur im Besitze einzelner Vorzüglicher sein.

(Johann Wolfgang von Goethe)

Hart war sein Schädel, weich sein Hirn.

(Hans Leopold Davi)

Denken ist oft schwerer als man denkt.

(Werner Mitsch)

Allgemeine menschliche Eigenschaften

Auch die Bretter, die man vor dem Kopf hat, können die Welt bedeuten.

(Werner Finck)

Es gibt zwei Arten guter Menschen: Die Toten und die Ungeborenen.

(Chinesisches Sprichwort)

Würde Hirnlosigkeit vor Kopfschmerzen schützen, könnten die Aspirin-Produzenten ihre Läden schließen.

(Gabriel Laub)

Jede Rohheit hat ihren Ursprung in einer Schwäche.

(Seneca)

Das Leben ist eine Tragödie für die, die fühlen, und eine Komödie für die, die denken.

(Jean de La Bruyère)

Ein freier Mensch ist einer, der sich wenigstens seiner Unfreiheit bewusst geworden ist.

(Gabriel Laub)

Viele klagen über ihr schwaches Gedächtnis, aber nur wenige über ihren schwachen Verstand.

(Autor unbekannt)

Schon die Mathematik lehrt uns, dass man Nullen nicht übersehen darf.

(Gabriel Laub)

Daß irgendein Mensch auf Erden ohne Vorurteil sein könne, ist das größte Vorurteil.

(August von Kotzebue)

Das Verhängnis unserer Kultur ist, dass sie sich materiell viel stärker entwickelt hat als geistig.

(Albert Schweitzer)

Meinungen sind wie Grundstücke: Erstens sind sie zu teuer, und zweitens kann man nicht immer darauf bauen.

(Dieter Hildebrandt)

Denken ist schwer, darum urteilen die meisten.

(Carl Gustav Jung)

Der Verstand ist wie eine Fahrkarte: Sie hat nur dann einen Sinn, wenn sie benutzt wird.

(Ernst Hauschka)

Die Menschen scheinen die Sprache nicht empfangen zu haben, um die Gedanken zu verbergen, sondern um zu verbergen, dass sie keine Gedanken haben.

(Sören Kierkegaard)

Wer in dieser Welt nicht verrückt wird, der kann nicht ganz normal sein.

(Günther Melzer)

Allgemeine menschliche Eigenschaften

Jeder Mensch kann irren, der Dumme nur verharrt im Irrtum.

(Cicero)

Ein Unverschämter kann bescheiden aussehen, wenn er will, aber kein Bescheidener unverschämt.

(Georg Christoph Lichtenberg)

Zärtlichkeit und Güte sind keine Zeichen von Schwäche und Verzweiflung, sondern Ausdruck von Stärke und Entschlossenheit.

(Khalil Gibran)

Der Pfad der Wahrheit ist der Pfad des Tapferen, der Feigling kann ihn nicht betreten.

(Indische Weisheit)

Wenn die Menschen sagen, sie wollen nichts geschenkt haben, so ist dies meist ein Zeichen dafür, dass sie etwas geschenkt haben wollen.

(Georg Christoph Lichtenberg)

Mittelmäßige Geister verurteilen meist alles, was über ihren Horizont geht.

(François de La Rochefoucauld)

Mit dem Geist ist es wie mit dem Magen: Man kann ihm nur Dinge zumuten, die er verdauen kann.

(Winston Churchill)

Das Gehirn ist ein Organ, mit dem wir denken, dass wir denken.

(Ambrose Gwinett Bierce)

Eines Tages werden Maschinen vielleicht denken, aber sie werden niemals Phantasie haben.

(Theodor Heuss)

Nenne mich bloß nicht Genie, ich bemühe mich lediglich, die mir angeborene Intelligenz durch ständiges Üben voll zu entfalten.

(Justus Jonas)

Wenn ein Kopf besonders hoch getragen wird. ist er wahrscheinlich hohl.

(Helmut Qualtinger)

Alle Menschen sind Brüder – aber das waren schließlich auch Kain und Abel.

(Hans Kasper)

Nihil agre delectat – Nichtstun ist angenehm.

(Cicero)

2.
Fachliche Kompetenz

*Wer heute einen Baum pflanzt, darf nicht
erwarten, schon morgen im Schatten seiner
Blätter zu liegen.*
(Bernd Lindner)

Generalist – Spezialist

Den Fachmann erkennt man am sichersten daran, daß er dem Laien auch dann widerspricht, wenn dieser recht hat.

(Theo Herbst)

Wer von allem nur ein bißchen weiß, ist ein Dilettant. Wer von einem bißchen alles weiß, ist ein Fachidiot. Ein Generalist aber ist, wer viel von einem bißchen … und einiges vom Ganzen weiß, worin das Bißchen seinen Platz hat.

(Günter Repohl)

Spezialisten sind Leute, die immer mehr über immer weniger wissen.

(Danny Kaye)

Die Aufspaltung der Wissenschaft in eine Vielzahl von Disziplinen hat zwar das Wissen bereichert, jedoch die Weisheit verarmt.

(Karl Peltzer)

Die Wissenschaft hat keine moralische Dimension. Sie ist wie ein Messer. Wenn man es einem Chirurgen und einem Mörder gibt, gebraucht es jeder auf seine Weise.

(Werner von Braun)

Die letzte Stimme, die man hört, bevor die Welt explodiert, wird die Stimme eines Experten sein, der sagt: „Das ist technisch unmöglich!"

(Peter Ustinov)

Nicht wenige Experten sehen ihre Daseinsberechtigung darin, einen einfachen Sachverhalt unendlich zu komplizieren.

(Pierre Elliott Trudeau)

Es ist besser, etwas über alles zu wissen, als alles über eine Sache.

(Blaise Pascal)

Sei nicht einfach gut, sei gut für etwas.

(Henry David Thoreau)

Ein Experte ist ein Mann, der hinterher genau sagen kann, warum seine Prognose nicht gestimmt hat.

(Winston Churchill)

Das ist seltsam, daß Männer, die sich als Sachverständige ausgeben, einander widersprechen und von einerlei Sache nicht einerlei Begriff haben.

(Lukian)

Ein Fachmann ist ein Mann, der einige der größten Fehler kennt, die man in dem betreffenden Fach machen kann, und sie deshalb zu vermeiden versteht.

(Werner Heisenberg)

In nichts zeigt sich der Mangel an mathematischer Bildung mehr, als in einer übertrieben genauen Rechnung.

(Carl Friedrich Gauß)

Das Übel kommt nicht von der Technik, sondern von denen, die sie mißbrauchen – mutwillig oder auch nur fahrlässig.

(Jacques-Yves Cousteau)

Ich habe kaum jemals einen Mathematiker kennengelernt, der in der Lage war, vernünftige Schlußfolgerungen zu ziehen.

(Platon)

Die fortschreitende Mathematisierung hat den Vorteil, daß man sich viel genauer irren kann.

(Autor unbekannt)

Fachleute sind immer böse, wenn einem Laien etwas einfällt, was ihnen nicht eingefallen ist.

(John Steinbeck)

Die Zeit ist nicht mehr fern, in der bei einem Wasserrohrbruch genug qualifizierte Akademiker in ihrem Wohnzimmer den steigenden Wasserstand berechnen können, aber kaum jemand da ist, der imstande wäre, den Schaden zu beheben.

(Klaus Ritter von Poppy)

Der Mensch macht von allem ein wenig; macht es im einzelnen weniger gut als das hochspezialisierte Tier; aber beim Ganzen holt er auf.

(Paul Valéry)

Je weniger jemand von einer Sache versteht und je weiter diese räumlich und zeitlich von ihm entfernt ist, desto eher ist er bereit, darüber ein sachverständiges und endgültiges Urteil zu fällen.

(Autor unbekannt)

Vortrag – Rhetorik – Aphorismen

Eine gute Rede soll das Thema erschöpfend umfassen, nicht aber die Zuhörer umfassend erschöpfen.

(Winston Churchill)

Viele Worte machen, um wenige Gedanken mitzuteilen, ist überall das untrügliche Zeichen von Mittelmäßigkeit.

(Arthur Schopenhauer)

Die Kunst, langweilig zu sein, besteht darin, alles zu sagen, was man weiß.

(Winston Churchill)

Je schwächer das Argument, desto stärker die Worte.

(Lothar Schmidt)

Die Grenzen meiner Sprache bedeuten die Grenzen meiner Welt.

(Ludwig Wittgenstein)

Man nehme gewöhnliche Worte und sage ungewöhnliche Dinge.

(Arthur Schopenhauer)

Die Qualität des Redners liegt am Echo.

(Autor unbekannt)

Bei manchen Rednern ist 90% des Beifalls, den sie beim Zusammenfalten ihres Manuskripts entgegennehmen, ein Ausdruck der Erleichterung.

(Robert Lembke)

Unverständlichkeit ist noch lange kein Beweis für tiefe Gedanken.

(Marcel Reich-Ranicki)

In der Kirche singen immer die am lautesten, die falsch singen.

(Franz Grillparzer)

Durch Heftigkeit ersetzt der Irrende, was ihm an Wahrheit und an Kräften fehlt.

(Johann Wolfgang von Goethe)

Nichts ist schwieriger, als bedeutsame Gedanken so auszudrücken, daß sie jeder verstehen muß.

(Vauvenargues)

Jeder, der redet, verschweigt etwas; und meistens das Beste.

(Emil Ludwig)

Das Gehirn ist ein Körperorgan, das im Augenblick der Geburt zu arbeiten beginnt und damit erst dann aufhört, wenn man aufsteht, um eine Rede zu halten.

(Autor unbekannt)

Etwas Kurz-Gesagtes kann die Frucht und Ernte von vielem Lang-Gedachten sein.

(Friedrich Nietzsche)

Sag nicht alles, was Du weißt, aber wisse immer, was Du sagst.

(Matthias Claudius)

Die Wissenden reden nicht viel, die Redenden wissen nicht viel.

(Chinesisches Sprichwort)

Die wahre Beredsamkeit besteht darin, das zu sagen, was zur Sache gehört, und eben nur das.

(François de La Rochefoucauld)

Jedem kann es mal passieren, daß er Unsinn redet, schlimm ist es nur, wenn er es feierlich tut.

(Michel de Montaigne)

Niemand würde viel in Gesellschaften sprechen, wenn er sich bewußt wäre, wie oft er die anderen mißversteht.

(Johann Wolfgang von Goethe)

Nur Kinder, Narren und sehr alte Leute können es sich leisten, immer die Wahrheit zu sagen.

(Winston Churchill)

Es fällt immer auf, wenn jemand über Dinge redet, die er versteht.

(Helmut Käutner)

Worte sind die mächtigsten Dinge, welche die Menschheit benutzt.

(Joseph Rudyard Kipling)

Ihr könnt predigen, über was ihr wollt, aber predigt niemals über vierzig Minuten.

(Martin Luther)

Schwierige und pomphafte Phrasen verhüllen winzige, nüchterne oder alltägliche Gedanken.

(Arthur Schopenhauer)

Man muß denken wie die wenigsten und reden wie die meisten.

(Arthur Schopenhauer)

Es ist leichter, ganz zu schweigen, als sich im Reden zu mäßigen.

(Thomas von Kempen)

Beredsamkeit ist die Kunst, so von Dingen zu sprechen, daß jedermann gerne zuhört.

(Blaise Pascal)

Falls Freiheit überhaupt irgend etwas bedeutet, dann bedeutet sie das Recht darauf, den Leuten das zu sagen, was sie nicht hören wollen.

(George Orwell)

Die ganze Kunst des Redens besteht darin, zu wissen, was man nicht sagen darf.

(George Canning)

Der Aphorismus will nicht Dumme gescheit, sondern Gescheite nachdenklich machen.

(Sigmund Graff)

Der Aphorismus deckt sich nie mit der Wahrheit. Er ist entweder eine halbe Wahrheit oder anderthalb.

(Karl Kraus)

Ein Aphorismus ist eine Weisheit, die vorverdaut und wiedergekäut ist.

(Ambrose Bierce)

Ein guter Spruch ist die Wahrheit eines ganzen Buches in einem einzigen Satz.

(Theodor Fontane)

Ein Sprichwort ist ein kurzer Satz, der sich auf lange Erfahrung gründet.

(Autor unbekannt)

Trau keinem Zitat, das Du nicht selbst aus dem Zusammenhang gerissen hast.

(Johannes Rau)

So ein paar grundgelehrte Zitate zieren den ganzen Menschen.

(Heinrich Heine)

Von den meisten Büchern bleiben bloß Zitate übrig. Warum nicht gleich Zitate schreiben?

(Stanislaw Jerzy Lec)

Durch viele Zitate vermehrt man seinen Anspruch auf Gelehrsamkeit, vermindert den auf Originalität, und was ist Gelehrsamkeit gegen Originalität? Man soll Zitate also nur gebrauchen, wo man fremder Autorität wirklich bedarf.

(Arthur Schopenhauer)

Zitate sind Sprüche, von denen man glaubt, daß man sie selbst hätte sagen können.

(Autor unbekannt)

Aphorismen sind Hobelspäne vom Baum der Erkenntnis.

(Hans-Hermann Kersten)

Spreche einen klugen Satz, und Dein Name wird ewig leben.

(Autor unbekannt)

Festredner sprechen im Schlaf – anderer Menschen.

(Jerry Lewis)

Lernen – Ausbildung – Fortbildung

Wer fertig ist, dem ist nichts recht zu machen; ein Werdender wird immer dankbar sein.

(Johann Wolfgang von Goethe)

Man kann einen Menschen nichts lehren, man kann ihm nur helfen, es in sich selbst zu entdecken.

(Galileo Galilei)

Der Nachteil der Intelligenz besteht darin, daß man gezwungen ist, ununterbrochen dazuzulernen.

(George Bernard Shaw)

Der Geist schläft. Man muß ihn ständig wecken.

(Friedrich Hegel)

Hören und vergessen, sehen und erinnern, tun und begreifen.

(Mao Tse Tung)

Nur Narren bleiben bei der gleichen Meinung; Ein Mensch lernt dazu.

(Karl Schiller)

When I came to Speyer, I was confused; when I left Speyer, I was still confused, but on a much higher level.

(FKS-Zitat)

Lernen ist wie das Rudern gegen den Strom; sobald man aufhört, treibt man zurück.

(Laotse)

Es werden mehr Menschen durch Übung tüchtig als durch Naturanlage.

(Demokrit)

Es ist keine Schande nichts zu wissen, wohl aber, nichts lernen zu wollen.

(Sokrates)

Ich brauche einen neuen Brauch, den wir sofort einführen müssen; nämlich den Brauch, in jeder neuen Lage neu nachzudenken.

(Bertold Brecht)

Wir warten unser Leben lang auf den außergewöhnlichen Menschen, statt die gewöhnlichen um uns her in solche zu verwandeln.

(Hans Urs von Balthasar)

Fang nie an, aufzuhören! Hör nie auf, anzufangen!

(Autor unbekannt)

Relevantes Lernen ist das Lernen derjenigen, die die Macht haben, zu entscheiden und umzusetzen.

(Hermann Simon)

Je weniger Ausbildung, desto mehr Einbildung.

(Deutsches Sprichwort)

Lernen – Ausbildung – Fortbildung

Die beste Bildung findet ein gescheiter Mensch auf Reisen

(Johann Wolfgang von Goethe)

Man würde sich gern zum Besseren bekehren, wenn nicht der Nachbar seinen Vorteil davon hätte.

(Karl-Heinrich Waggerl)

Laß Dich warnen: Des vielen Büchermachens ist kein Ende, und viel Studieren macht den Leib müde.

(Bibel, Prediger 12,12)

Ein guter Trainer gibt keine Lösungen vor, er stellt zum richtigen Zeitpunkt die richtigen Fragen.

(Rolf Kückelmann)

Erziehung ist die organisierte Verteidigung der Erwachsenen gegen die Jugend.

(Mark Twain)

Gut gehauene Steine schließen sich ohne Mörtel aneinander.

(Cicero)

Lang ist der Weg durch Lehren, kurz und wirksam durch Beispiele.

(Seneca)

Du kannst nicht Schlittschuhlaufen lernen, ohne Dich lächerlich zu machen. Auch das Eis des Lebens ist glatt.

(George Bernard Shaw)

Man soll Denken lehren, nicht Gedachtes.

(Cornelius Gustav Gurlitt)

Universitäten sind Bildungsstätten, die aus Neunmalklugen Siebengescheite machen.

(Werner Mitsch)

Die beste Methode, einen Narren von seinem Irrtum zu überzeugen, besteht darin, ihn seine Dummheiten ausführen zu lassen.

(Gilbert Chesterton)

Der Mensch sollte sich niemals genieren, einen Irrtum zuzugeben, zeigt er doch damit, daß er sich entwickelt, daß er gescheiter ist als gestern.

(Jonathan Swift)

Persönlich bin ich immer bereit zu lernen, obwohl ich nicht immer belehrt werden möchte.

(Winston Churchill)

Der Mensch soll lernen, nur die Ochsen büffeln.

(Erich Kästner)

Also lautet der Beschluß, daß der Mensch was lernen muß.

(Wilhelm Busch)

Man muß viel gelernt haben, um über das, was man nicht weiß, fragen zu können.

(Jean-Jacques Rousseau)

Die meisten Menschen werden nicht erwachsen, sondern nur alt.

(Autor unbekannt)

Denn das Unbekannte ist es, was uns suchen, was uns leben läßt.

(Milan Kundera)

Es gibt keine Klassen im Leben für Anfänger, es ist immer gleich das Schwierigste, was von einem verlangt wird.

(Rainer Maria Rilke)

Der Mensch ist das einzige Geschöpf, das erzogen werden muß.

(Immanuel Kant)

Etwas zu lernen ist ein sehr schöner Genuß – und etwas wirklich zu können ist die Quelle der Wohlbehaglichkeit.

(Novalis)

Da die Staaten nur Lehrer für 600 Mark sich leisten können, bleiben die Völker so dumm, daß sie sich Kriege für 60 Milliarden leisten müssen.

(Christian Morgenstern)

Wenn sich der Most auch ganz absurd gebärdet, es gibt zuletzt doch noch e' Wein.

(Johann Wolfgang von Goethe)

Man hört nie auf, erziehungsbedürftig zu sein; ich gehe noch jetzt in die Schule und lerne von Leuten, die meine Enkel sein könnten.

(Theodor Fontane)

Der Mensch, der wenig nur gelernt, wird alt ganz nach der Ochsen Art: Es wächst ihm also bloß das Fleisch, die Einsicht wächst ihm nicht.

(Gautama Buddha)

Viel lernen und nachher viel wissen, das ist keine Kunst; ich habe nichts gelernt und weiß doch eine Menge, da kann man von Kunst reden.

(Johann Nepomuk Nestroy)

Es ist leicht, ein Lehrer, aber schwer, ein Schüler zu werden.

(Hazrat Inayat Khan)

Es gibt keinen, der nicht in irgendetwas der Lehrer des anderen sein könnte.

(Baltasar Gracian)

Nur im vorbereiteten Herzen kann ein neuer Gedanke
Wurzel fassen und groß werden.

(Christian Morgenstern)

Niemand wird die Welt verstehen, der sie von heute
auf morgen verstehen zu müssen glaubt.

(Christian Morgenstern)

Das Gedächtnis nimmt ab, wenn man es nicht übt.

(Cicero)

In älteren Jahren nichts mehr lernen können, hängt mit
dem in älteren Jahren sich nichts mehr befehlen lassen
wollen zusammen, und zwar sehr genau.

(Georg Christoph Lichtenberg)

Ich würde nichts schöneres kennen, als in Ewigkeit
weiterlernen zu dürfen.

(Christian Morgenstern)

Wissen – Erfahrung

Tritt eine Idee in einen hohlen Kopf, so füllt sie ihn völlig aus – weil da keine ist, die ihr den Rang streitig machen könnte.

(Charles Montesquieu)

Allen ist das Denken erlaubt. Vielen bleibt es erspart.

(Curt Goetz)

Von der Praxis losgelöste Einsicht ist wirkungslos.

(Erich Fromm)

Jemanden etwas fragen zu können, ist mehr, als selber viel zu wissen.

(K. Sochatzky)

Ein kluger Mensch sieht so viel, wie er sehen soll, nicht so viel, wie er sehen kann.

(Michel de Montaigne)

Phantasie ist wichtiger als Wissen.

(Albert Einstein)

Bei einem geistigen Treffen gewinnt der Geschlagene, sofern er dabei nämlich hinzulernt.

(Epikur)

Ohne Mut ist das Wissen unfruchtbar.

(B. Gracian)

Auch wenn alle einer Meinung sind, können alle
Unrecht haben.

(Bertrand Russell)

Wissen ist Macht. Aber Unwissenheit bedeutet noch
lange nicht Machtlosigkeit.

(Enrico Fermi)

Verstand besteht nicht nur im Wissen, sondern auch in
der Fähigkeit, das Wissen in die Tat umzusetzen.

(Aristoteles)

Besser als die Unwissenden sind die, die Bücher lesen,
besser als diese sind die, die das Gelesene behalten,
noch besser sind die, die es begreifen; am besten die,
die an die Arbeit gehen.

(Indische Spruchweisheit)

Theorie ist, wenn nichts funktioniert, aber jeder weiß,
warum; Praxis ist, wenn alles funktioniert, aber keiner
weiß, warum.

(Autor unbekannt)

Der Mensch hat dreierlei Wege, klug zu handeln:
erstens durch Nachdenken; das ist der edelste Weg,
zweitens durch Nachahmen, das ist der leichteste, und
drittens durch Erfahrung, das ist der bitterste.

(Konfuzius)

Das größte Problem ist: Wir haben einen Überschuß an einfachen Fragen und einen Mangel an einfachen Antworten.

(Lothar Schmidt)

The last thing the fish will discover is water.

(Hofstede)

Erfahrung ist jener kostbare Besitz, der uns befähigt, einen Fehler sofort zu erkennen, wenn wir ihn immer wieder machen.

(Danny Kaye)

Erfahrung heißt gar nichts. Man kann eine Sache auch 35 Jahre schlecht machen.

(Kurt Tucholsky)

Lache nie über die Dummheit der anderen, sie ist Deine Chance.

(Winston Churchill)

Das ist der ganze Jammer: Die Dummen sind so sicher, und die Gescheiten voller Zweifel.

(Bertrand Russell)

Der Vorteil der Klugheit besteht darin, daß man sich dumm stellen kann. Das Gegenteil ist schon schwieriger.

(Kurt Tucholsky)

Wissen – Erfahrung

Wer nicht auf die hohen Berge steigt, kennt die Ebene nicht.

(Chinesisches Sprichwort)

Die Sinne trügen nicht, das Urteil trügt.

(Johann Wolfgang von Goethe)

Der Wunsch, klug zu erscheinen, verhindert oft, es zu werden.

(François de La Rochefoucauld)

Wer irregegangen ist, der kann anderen den Weg desto besser zeigen.

(Christoph Lehmann)

Gebildet ist, wer Parallelen sieht, wo andere etwas völlig neues zu entdecken glauben.

(Sigmund Graff)

Jeder Mensch hat ein Brett vor dem Kopf, es kommt nur auf die Entfernung an.

(Marie von Ebner-Eschenbach)

Es kommt gar nicht mehr darauf an, was einer gelernt hat, sondern vielmehr darauf, was einer noch an Potential hat.

(Manfred Emcke)

Stets muß die Praxis auf großer Theorie beruhen.

(Leonardo da Vinci)

Wer von nichts eine Ahnung hat als von Management-Theorie, der hat von nichts eine Ahnung.

(Reinhard K. Sprenger)

Wer Bücher hat, ist glücklich, wer sie nicht nötig hat, glücklicher.

(Chinesisches Sprichwort)

Wissen ist gut, doch Können ist besser.

(Emanuel Geibel)

Die Menschen erwerben sich ihre besten Erfahrungen durch die Erinnerung an Mißerfolge, die sie erlitten haben.

(Smiles)

Die wertvollsten Einsichten werden am spätesten gefunden: aber die wertvollsten Einsichten sind die Methoden.

(Friedrich Nietzsche)

Nicht was wir erleben, sondern wie wir empfinden, was wir erleben, macht unser Schicksal aus.

(Marie von Ebner-Eschenbach)

Das sind die Weisen, die durch Irrtum zur Wahrheit reisen. Die beim Irrtum verharren, das sind die Narren.

(Friedrich Rückert)

Wissen – Erfahrung

Wenn kleine Geister einen guten Gedanken haben, so können sie nicht wieder von ihm loskommen. Der Gedanke hält sie so fest wie ein Magnet, denn er ist größer als sie.

(Friedrich Hebbel)

Das ist zwar die Wahrheit, aber nicht die Realität.

(Henning Voscherau)

Natürlicher Verstand kann fast jeden Grad von Bildung ersetzen, aber keine Bildung den natürlichen Verstand.

(Arthur Schopenhauer)

Zu glauben ist schwer. Nichts zu glauben ist unmöglich.

(Victor Hugo)

Hohe Bildung kann man dadurch beweisen, daß man die kompliziertesten Dinge auf einfache Art zu erläutern versteht.

(George Bernard Shaw)

Man soll keine Dummheit zweimal begehen, die Auswahl ist schließlich groß genug.

(Jean-Paul Sartre)

Die Statistik ist die erste der ungenauen Wissenschaften.

(Edmond de Goncourt)

Die allgemeine Meinung ist nicht immer die wahrste.

(Giordano Bruno)

Gebildet sein heißt: Sich nicht anmerken zu lassen, wie schlecht man ist.

(Friedrich Nietzsche)

Wunder stehen nicht im Gegensatz zur Natur, sondern im Gegensatz zu dem, was wir über die Natur wissen.

(Sankt Augustin)

Ordnung ist die Lust der Vernunft, aber Unordnung ist die Wonne der Phantasie.

(Paul Claudel)

Es ist ein großer Vorteil im Leben, die Fehler, aus denen man lernen kann, möglichst früh zu begehen.

(Winston Churchill)

Alter macht immer weiß, aber nicht immer weise.

(Deutsches Sprichwort)

Weil Du die Augen offen hast, glaubst Du, Du siehst.

(Johann Wolfgang von Goethe)

Wenn 50 Millionen Menschen etwas Dummes sagen, bleibt es trotzdem eine Dummheit.

(Anatole France)

Wissen – Erfahrung

Die Weisheit eines Menschen mißt man nicht nach seinen Erfahrungen, sondern nach seiner Fähigkeit, Erfahrungen zu machen.

(George Bernard Shaw)

Es gibt kein großes Genie ohne einen Schuß Verrücktheit.

(Aristoteles)

Vieles erfahren haben heißt noch nicht Erfahrung besitzen.

(Marie von Ebner-Eschenbach)

Die Mathematik handelt ausschließlich von den Beziehungen der Begriffe zueinander ohne Rücksicht auf deren Bezug zur Erfahrung.

(Albert Einstein)

Erfahrungen sind Wegweiser – keine Lagerplätze.

(George Bernard Shaw)

Erfahrung ist der Name, den jeder seinen Irrtümern gibt.

(Oscar Wilde)

Wir lernen aus Erfahrung, daß die Menschen nichts aus Erfahrung lernen.

(George Bernard Shaw)

Was nennen die Menschen am liebsten dumm? Das Gescheite, das sie nicht verstehen.

(Marie von Ebner-Eschenbach)

Um Erfahrungen zu machen, bedarf es der Weisheit.

(Jeremias Gotthelf)

Die meisten Meinungen kommen zustande, indem man vergißt, wo man sie gehört oder gelesen hat.

(Moritz Heimann)

Nur die Weisen sind im Besitz von Ideen; die meisten Menschen sind von Ideen besessen.

(Samuel Taylor Coleridge)

Vergeben und vergessen heißt, gemachte kostbare Erfahrungen zum Fenster hinauswerfen.

(Arthur Schopenhauer)

Mit der Wahrheit kann man allenfalls leger umgehen – lügen muß man ganz genau.

(Hans Kasper)

Wer sich an die Vergangenheit nicht erinnern kann, ist dazu verdammt, sie zu wiederholen.

(George de Santayana)

Es gibt nur zwei Arten von Menschen, die wirklich fesseln – Leute, die alles wissen und Leute, die überhaupt nichts wissen.

(Oscar Wilde)

Wer nichts weiß, muß alles glauben.

(Marie von Ebner-Eschenbach)

Unter Intuition versteht man die Fähigkeit gewisser Leute, eine Lage in Sekundenschnelle falsch zu beurteilen.

(Friedrich Dürenmatt)

Es gibt Besserwisser, die niemals begreifen, daß man recht haben und ein Idiot sein kann.

(Martin Kessel)

Ob ein Mensch klug ist, erkennt man viel besser an seinen Fragen als an seinen Antworten.

(François de Levis)

Das gute Gedächtnis ist wie ein Sack, es behält alles. Das bessere Gedächtnis ist wie ein Sieb, es behält nur, worauf es ankommt.

(Hellmut Walters)

Daraus, daß die Sonne bisher jeden Tag aufgegangen ist, folgt nicht logisch, daß sie es morgen wieder tut.

(Carl Friedrich von Weizsäcker)

Was nützt es dem Menschen, wenn er Lesen und Schreiben gelernt hat, aber das Denken anderen überläßt.

(Ernst Hauschka)

Viel Wissen bedeutet nicht viel Verstand.

(Heraklit)

Taucht ein Genie auf, verbrüdern sich die Dummköpfe.

(Jonathan Swift)

Die Dummen haben das Pulver nicht erfunden, aber sie schießen damit.

(Gerhard Uhlenbruck)

Der Kluge ärgert sich über Dummheiten, die er machte, der Weise belächelt sie.

(Curt Goetz)

Gebildet ist, wer weiß, wo er findet, was er nicht weiß.

(Georg Simmel)

Wie soll einer, der das Häßliche nicht kennt, wissen, was schön ist?

(Werner Mitsch)

Erst das Böse gibt dem Guten seine Leuchtkraft.

(Werner Mitsch)

Ignoranz ist nicht nicht wissen, sondern nicht wissen wollen.

(Werner Mitsch)

Erfahrungen sind Maßarbeit. Sie passen nur dem, der sie macht.

(Carlo Levi)

Immer lernt der Kluge vom Dummen mehr als der Dumme vom Klugen.

(Paul Rosegger)

Daß man einem Wasser nicht auf den Grund blicken kann, beweist noch nicht, daß es tief ist.

(Egon Friedel)

Was wir wissen, ist ein Tropfen; was wir nicht wissen, ein Ozean.

(Isaac Newton)

Alle Menschen sind klug; die einen vorher, die anderen nachher.

(Chinesisches Sprichwort)

Das ist eines der tragischen Mißverständnisse unserer Zeit: Wir glauben, wenn etwas unzweifelhaft als falsch bewiesen ist, müsse das Gegenteil richtig sein.

(Salvador de Madariaga y Rojo)

Nicht wissen, aber Wissen vortäuschen, ist ein Laster. Wissen, aber sich dem Nichtwissenden gleich verhalten, ist Weisheit.

(Chinesisches Sprichwort)

Wir ertrinken in Informationen und hungern nach Wissen.

(John Naisbitt)

Man macht sich immer übertriebene Vorstellungen von dem, was man nicht kennt.

(Albert Camus)

Die Dummheit drängt sich vor, um gesehen zu werden. Die Klugheit steht zurück, um zu sehen.

(Sylva Carmen)

Glauben und Wissen verhalten sich wie zwei Schalen einer Waage: in dem Maße, in dem die eine steigt, sinkt die andere.

(Arthur Schopenhauer)

Erfahrung ist ein ausgezeichneter Lehrer, aber dessen Honorare sind hoch.

(Carrie ten Boom)

Wenn einer noch so klug ist, so ist er oft doch nicht klug genug, um den Dummen zu begreifen.

(Friedl Beutelrock)

Die Kunst der Weisheit besteht darin, zu wissen, was man übersehen muß.

(William James)

Alles, was gigantische Formen annimmt, kann
imponieren – auch die Dummheit.

(Erich Kästner)

Der Narr hält sich für weise, aber der Weise weiß, daß
er ein Narr ist.

(William Shakespeare)

Wer tiefer irrt, der wird auch tiefer weise.

(Gerhart Hauptmann)

Verallgemeinerung ist die Philosophie der Primitiven.

(M. Ben-Gavriel)

Das Entscheidende am Wissen ist, daß man es
beherzigt und anwendet.

(Konfuzius)

Die Erkenntnis der eigenen Unwissenheit ist der erste
Schritt zum Wissen.

(Benjamin Disraeli)

Der Weise ist nicht gelehrt, der Gelehrte ist nicht
weise.

(Laotse)

Kenntnisse bloß zu sammeln ist genauso schlecht wie
Geld zu horten. Auch Wissen will umgesetzt sein.

(Robert Frost)

Eine Entdeckung besteht darin, etwas zu sehen, was jedermann gesehen hat, und sich dabei etwas zu denken, was noch niemand gedacht hat.

(Albert von Szent-Györgi)

Weiß ich nicht! – Ich beschwere mein Gedächtnis nicht mit Tatsachen, die ich in einem Konversationslexikon finden kann.

(Albert Einstein)

Zweifel ist keine angenehme Voraussetzung, aber Gewißheit ist eine absurde.

(Voltaire)

Wir glauben nur, was wir sehen. Leider sehen wir auch nur, was wir glauben wollen.

(Peter Atteslander)

Persönlichkeit haben heißt, die tausend Irrtümer einzugestehen, die man im Laufe des Lebens gemacht hat.

(Alexander Mitscherlich)

Die Bildung eines Menschen zeigt sich am deutlichsten in seinem Verhalten gegenüber Ungebildeten.

(Hans Kilian)

Das Gehirn ist nicht nur ein Gefäß, das gefüllt werden muß, sondern ein Feuer, das gezündet werden will.

(Plutarch)

Wissen – Erfahrung

Ein Mangel an Phantasie bedeutet den Tod der Wissenschaft.

(Johannes Keppler)

Die menschliche Wissenschaft gleicht einer Kugel, die ununterbrochen wächst. In dem Maß, wie ihr Umfang zunimmt, wächst auch die Zahl ihrer Berührungspunkte mit dem Unbekannten.

(Blaise Pascal)

Es gibt Dinge, die sind so falsch, daß noch nicht einmal das absolute Gegenteil richtig ist.

(Karl Kraus)

Geist ist das Leben, das selber ins Leben schneidet: An der eigenen Qual mehrt sich das eigene Wissen.

(Friedrich Nietzsche)

Wahrheiten sind Illusionen, von denen man vergessen hat, daß sie welche sind.

(Friedrich Nietzsche)

Man muß es nicht getan haben, um darüber sprechen zu können – Kühe trinken auch keine Milch.

(Autor unbekannt)

Wer fragt, ist ein Narr für fünf Minuten. Wer nicht fragt, bleibt es für immer.

(Chinesische Weisheit)

Ich gebe Ratschläge immer weiter. Es ist das einzige, was man damit anfangen kann.

(Oscar Wilde)

Jeder dumme Junge kann einen Käfer zertreten. Aber alle Professoren dieser Welt können keinen herstellen.

(Heinrich Heine)

Erfahrung ist fast immer eine Parodie auf die Idee.

(Johann Wolfgang von Goethe)

Unsere Vorstellung ist die Grenze.

(Albert Einstein)

Ein Sprichwort ist ein kurzer Satz, der auf lange Erfahrung gründet.

(Autor unbekannt)

Wer sich nicht erinnert, den bestraft die Zukunft.

(Autor unbekannt)

Geduld ist die Mutter der Weisheit.

(Chinesische Weisheit)

Ein Genie ist, wem etwas selbstverständliches zum erstenmal einfällt.

(Herman Bahr)

Ich schäme mich nicht, zuzugeben, was ich nicht weiß.

(Cicero)

Wer nie im Leben töricht war, ein Weiser war er nimmer.

(Heinrich Heine)

Wenn die Dummheit in der Regel mehr Glück als die Weisheit hat, so ist es eigentlich schon eine halbe Dummheit, wenn man nach Weisheit trachtet.

(Johann Nepomuk Nestroy)

Der Gescheite hat oft Momente, wo er sich wünscht, dumm zu sein; der Dumme hingegen, wünscht sich nie, gescheit zu sein, er glaubt es ohnehin, daß er es ist.

(Johann Nepomuk Nestroy)

Von jedem Nutzen zu ziehn verstehn ist ein nützliches Wissen.

(Baltasar Gracian)

Niemand ist weiter von der Wahrheit entfernt als der, der alle Antworten weiß.

(Dschuang Dse)

Unanfechtbare Wahrheiten gibt es überhaupt nicht, und wenn es welche gibt, sind sie langweilig.

(Theodor Fontane)

Es ist fast unmöglich, die Fackel der Wahrheit durch ein Gedränge zu tragen, ohne jemand den Bart zu versengen.

(Georg Christoph Lichtenberg)

Eine Wahrheit kann erst wirken, wenn der Empfänger für sie reif ist. Nicht an den Wahrheiten liegt es daher, wenn die Menschen noch so voller Unweisheiten sind.

(Christian Morgenstern)

Wir bedürfen eines kleinen Kreises, um groß zu sein, und sind klein, wenn wir die Welt umfassen wollen.

(Theodor Fontane)

Die Jahre bedeuten gar nichts. Wer dumm ist und nichts gelernt hat, faselt mit siebzig noch gerade so wie mit siebzehn.

(Theodor Fontane)

Wer einen Fehler gemacht hat und nicht korrigiert, der begeht einen zweiten.

(Konfuzius)

3.
Organisatorische Kompetenz

*Eine Konferenz ist eine Sitzung, bei der viele hineingehen
und wenig herauskommt.*
(Werner Finck)

Ziele – Planung – Strategie

Von dem, was man heute denkt, hängt das ab, was morgen auf den Straßen und Plätzen gelebt wird.

(Ortega y Gasset)

Ja mach nur einen Plan.
Sei nur ein großes Licht.
Und mach dann noch 'nen zweiten Plan,
gehen tun sie beide nicht.

(Bertold Brecht)

Was Du beginnst, beginne es gut und bedenke das Ende.

(Herodot)

Wer den Hafen nicht kennt, in den er segeln will, für den ist kein Wind ein günstiger.

(Seneca)

Wer nicht weiß, wo er hin will, der braucht sich nicht wundern, wenn er woanders ankommt.

(Autor unbekannt)

Nur wer das Ziel kennt, kann treffen.

(Griechisches Sprichwort)

Wer das Ziel nicht kennt, findet auch die Mittel und Wege nicht, um es zu erreichen.

(Autor unbekannt)

Wer vom Ziel nichts weiß, wird den Weg nicht finden.

(Christian Morgenstern)

Jeder macht, was er will, keiner macht, was er soll,
und alle machen mit (und manche sind dabei glücklich,
andere unglücklich).

(FKS-Zitat)

Das erste steht uns frei. Beim zweiten sind wir
Knechte.

(Johann Wolfgang von Goethe)

Wir werden es wohl nie schaffen, die Zukunft richtig
vorauszusagen; aber nichts hindert uns daran, sie
richtig zu gestalten.

(Michael Jungblut)

Es ist ein kapitaler Fehler, Theorien aufzustellen,
bevor einem Daten vorliegen.

(Arthur Conan Doyle)

Erst wäg's, dann wag's!

(Helmuth von Moltke)

Auf den Zufall bauen ist Torheit, den Zufall nutzen ist
Klugheit.

(Autor unbekannt)

Nichts ist schlimmer als unrealistische Ziele, denn die
verdammen zum Mißerfolg.

(Hardy Wagner)

Ziele – Planung – Strategie

Einfach ist, die Zielscheibe dorthin zu hängen, wo der Pfeil steckt.

(Max Weber)

Planung = Ersetzen des Zufalls durch Irrtum
Generalplanung = umfassender Irrtum

(Autor unbekannt)

Wer ohne Plan handelt, an dem rächt es sich; wer sich aber mit angespanntem Verstand bemüht, arbeitet schneller, leichter und gewinnbringender.

(Johann Wolfgang von Goethe)

Je planmäßiger die Menschen vorgehen, desto wirksamer trifft sie der Zufall.

(Friedrich Dürenmatt)

Planen heißt: Sich Sorgen um die beste Methode zur Herbeiführung eines zufälligen Ergebnisses machen.

(Ambrose Gwinett Bierce)

Die sechs Phasen der Planung: Begeisterung, Ernüchterung, Panik, Suche nach dem Schuldigen, Bestrafung der Beteiligten, Auszeichnung der Nichtbeteiligen.

(Autor unbekannt)

Die vortrefflichsten Dinge verlieren durch unzweckmäßige Planung ihren Wert.

(Le Corbusier)

Die besten Pläne scheitern häufig an einer schlechten Realisierung.

(Le Corbusier)

Luftschlösser sind unzerstörbar, weil sie ohne Fundament auskommen.

(Ron Kritzfeld)

Der Bau von Luftschlössern kostet nichts, aber ihr Abriß ist sehr teuer.

(François Mauriac)

Auch der Zufall will geplant sein.

(Napoleon Bonaparte)

Wer nicht läuft, gelangt nie ans Ziel.

(Johann Gottfried von Herder)

Heute genügt es schon, wenn man Pläne hat; nach der Verwirklichung fragt kaum jemand.

(Jaques Tati)

Fortschritt ist die Verwirklichung von Utopien.

(Oscar Wilde)

Den Gipfel im Auge wandern wir gerne auf der Ebene.

(Johann Wolfgang von Goethe)

Ziele – Planung – Strategie

Ideale sind wie Sterne: Wir erreichen sie niemals, aber wie ein Seefahrer auf dem Meer richten wir unseren Kurs danach.

(Carl Schurz)

In der Idee leben heißt, das Unmögliche behandeln, als wenn es möglich wäre.

(Johann Wolfgang von Goethe)

Es ist der Sinn der Ideale, daß sie nicht verwirklicht werden können.

(Theodor Fontane)

Es hat noch niemand etwas Ordentliches geleistet, der nicht etwas Außerordentliches leisten wollte.

(Marie von Ebner-Eschenbach)

Seien wir realistisch, denken wir das Unmögliche!

(Che Guevara)

Verstrickt in viele Netze, Notwendigkeiten und Pflichten, erkennen wir oft nicht mehr den roten Faden Sinn.

(Alois Albrecht)

Wenn ein Mann nicht bereit ist, für seine Überzeugungen Risiken einzugehen, dann taugen entweder seine Überzeugungen oder er selbst nichts.

(Ezra Pound)

Wenn Sie nicht über Ihre Zukunft nachdenken, können Sie keine haben.

(John Galsworthy)

Verantwortlich ist man nicht nur für das, was man tut, sondern auch für das, was man nicht tut.

(Laotse)

Unsere Wünsche sind die Vorboten der Fähigkeiten, die in uns liegen.

(Johann Wolfgang von Goethe)

Alle Hoffnungen sind naiv – aber wir leben von Ihnen.

(Primo Levi)

Gib Deine Illusionen nicht auf. Wenn Du sie verloren hast, existierst Du wohl noch, aber Du hast aufgehört zu leben.

(Mark Twain)

Gesegnet sei der, der nichts erwartet. Er wird nie enttäuscht werden.

(Alexander Pope)

Hoffnungen, Pläne und Illusionen sind Verjüngungselemente des Lebens. Es sind Morgenröten, deren Glanz immer wieder bezaubert.

(Martin Kessel)

Ziele – Planung – Strategie

Was man mühelos erreichen kann, ist gewöhnlich nicht der Mühe wert, erreicht zu werden.

(alte deutsche Weisheit)

Wer im Dunklen sitzt, zündet sich einen Traum an.

(Nelly Sachs)

Phantasie ist etwas, was sich manche Leute gar nicht vorstellen können.

(Gabriel Laub)

Wer die Ursache nicht kennt, nennt die Wirkung Zufall.

(Werner Mitsch)

Achte auf Deine Gedanken, sie sind der Anfang Deiner Tat.

(Chinesisches Sprichwort)

Wer in der Zukunft lesen will, muß in der Vergangenheit blättern.

(André Malraux)

Die Hoffnung ist ein gutes Frühstück, aber ein schlechtes Abendessen.

(Francis Bacon)

Fanatismus besteht im Verdoppeln der Anstrengung, wenn das Ziel vergessen ist.

(George Santayana)

In der Wahl seiner Feinde kann man gar nicht
vorsichtig genug sein.

(Oscar Wilde)

Phantasie ist die Vorschau auf die kommenden
Ereignisse des Lebens.

(Albert Einstein)

Unser Leben ist das Produkt unserer Gedanken.

(Mark Aurel)

Wenn über das Grundsätzliche keine Einigkeit besteht,
ist es sinnlos, miteinander Pläne zu schmieden.

(Konfuzius)

Denken ist die Arbeit des Intellekts, Träumen sein
Vergnügen.

(Victor Hugo)

Leben heißt träumen; weise sein heißt angenehm
träumen.

(Friedrich Schiller)

Ein Traum ist unerläßlich, wenn man die Zukunft
gestalten will.

(Victor Hugo)

Am liebsten erinnere ich mich an die Zukunft.

(Salvador Dali)

Ziele – Planung – Strategie

Alles Rennen nützt nichts, wenn man auf dem falschen Weg ist.

(Autor unbekannt)

Wer sich nicht traut, zu träumen, lernt nie, zu kämpfen.

(Autor unbekannt)

Die Zukunft soll man nicht voraussehen wollen, sondern sie möglich machen.

(Antoine de Saint-Exupéry)

Nicht das, was ich erreicht habe, interessiert mich, sondern das, was noch vor mir liegt.

(Karl Lagerfeld)

Ich denke niemals an die Zukunft, sie kommt früh genug.

(Albert Einstein)

Die Zukunft allein ist unser Zweck.

(Blaise Pascal)

Ein großer Fehler bei meinem Studieren in der Jugend war, daß ich den Plan zum Gebäude zu groß anlegte.

(Georg Christoph Lichtenberg)

Mein Leben beginnt jeden Morgen neu und endet jeden Abend; Pläne und Absichten darüber hinaus habe ich keine; es kann natürlich zum Tagwerk gehören, vorauszudenken, aber eine Sorge für den kommenden Tag darf es nie sein.

(Edith Stein)

Es ist im Leben wie im Schachspiel: Wir entwerfen einen Plan. Dieser ist jedoch bedingt durch das, was im Schachspiel unser Gegner, im Leben dem Schicksal zu tun belieben wird. Die Modifikationen, welche hierdurch unser Plan erleidet, sind meistens so groß, daß er in der Ausführung kaum noch an einigen Grundzügen zu erkennen ist.

(Arthur Schopenhauer)

Menschen, die bloß arbeiten, finden keine Zeit zum Träumen. Nur wer träumt, gelangt zur Weisheit.

(Nec Perce Smohalla)

Man muß nicht mehr wollen, als man kann.

(Theodor Fontane)

Phantasie ist die Vorwegnahme realer Möglichkeiten.

(Erich Fromm)

Zur Wahrscheinlichkeit gehört auch, daß das Unwahrscheinliche eintreten kann.

(Aristoteles)

Problemlösung – Verfahren

Operative Hektik ersetzt oft geistige Windstille.

(Autor unbekannt)

Jede Praxis sollte auf guter Theorie beruhen – auch der Kapitän braucht Karte und Kompaß. Glauben Sie aber andererseits nicht, wir könnten Ihnen narrensichere Rezepte liefern, denn auch eine Karte gibt oft nur eine grobe Orientierung, und ein Kompaß zeigt nicht an, ob ein Weg gangbar ist.

(R.W. Stroebe)

Der einzige Weg, etwas falsch zu machen ist, es nicht zu probieren.

(Peters)

Der Weg ist das Ziel!

(Laotse)

Dreh Dich nicht um, wenn Du kurz vor dem Ziel bist.

(Publius Syrus)

Wenn Moses ein Komitee gewesen wäre, säßen die Juden noch immer in Ägypten.

(J.B. Hughes)

Für den, der über dünnes Eis gleitet, ist das richtige Tempo Sicherheit.

(Ralph Waldo Emerson)

Ein Gastgeber ist wie ein Feldherr; erst wenn etwas schiefgeht, zeigt sich sein Talent.

(Horaz)

Als wir das Ziel aus den Augen verloren hatten, verdoppelten wir unsere Anstrengungen.

(Mark Twain)

Verdoppeln wir unsere Anstrengungen, damit wir nicht das Ziel aus den Augen verlieren!

(Carl Böhret)

Der Pragmatiker entscheidet Fälle nicht nach Grundsätzen, sondern grundsätzlich fallweise.

(Ron Kritzfeld)

Wer das erste Knopfloch verfehlt, kommt mit dem Zuknöpfen nicht zu Rande.

(Johann Wolfgang von Goethe)

Jede weite Reise beginnt mit dem ersten Schritt.

(Chinesisches Sprichwort)

Entscheidungen sind Ausführungen nicht erhaltener Befehle.

(H. Kudszus)

Wer jede Entscheidung schwer nimmt, kommt zu keiner.

(Harold Macmillan)

Seit mein wichtigster Einfall sich ausgerechnet während einer Denkpause einstellte, zweifle ich ernsthaft an der Notwendigkeit des Denkens.

(Autor unbekannt)

Es ist besser, ein Licht anzuzünden, als über die Dunkelheit zu klagen.

(Sprichwort)

Rat für erfolgreiches Problemlösen: Nicht „stop and go", sondern „stop and think"

(FKS-Zitat)

Wer heute einen Baum pflanzt, darf nicht erwarten, schon morgen im Schatten seiner Blätter zu liegen.

(Bernd Linder)

Es gibt keine Probleme, es gibt nur Chancen.

(altes Sprichwort)

Man ist entweder Teil der Lösung oder Teil des Problems. Ich habe mich für Ersteres entschieden.

(Michail Gorbatschow)

Handeln ist leicht, Denken schwer; nach dem Gedachten handeln, unbequem.

(Johann Wolfgang von Goethe)

Für jedes komplexe Problem gibt es eine einfache Lösung, und die ist die falsche.

(Umberto Eco)

Es ist jede Schwierigkeit in so viele Teile zu zerlegen, wie möglich und zur besseren Lösung wünschenswert wäre.

(René Descartes)

Alles sollte so einfach wie möglich gemacht werden, aber nicht einfacher.

(Albert Einstein)

Es gibt nichts Gutes, außer man tut es.

(Erich Kästner)

Wenn das Problem weg ist, bleiben immer noch Leute, die an der Lösung arbeiten.

(FKS-Zitat)

Kalt bedenken und mit Feuer ausführen.

(Altdeutsches Sprichwort)

Ein Steuermann argumentiert nicht mit Felsen. Er umschifft sie.

(Cecil B. Parkinson)

Alles Leben ist Problemlösen.

(Karl R. Popper)

Problemlösung – Verfahren

*Es gibt keine Straßen; sie entstehen erst
wenn wir darauf gehen.*
(Spanisches Sprichwort)

Rat nach Tat kommt zu spät.

(altes Sprichwort)

Wer neue Erdteile entdecken will, muß den Mut haben,
sämtliche Küsten aus den Augen zu verlieren.

(Fritjof Nansen)

Für jedes Problem gibt es eine Lösung, die einfach, sauber und falsch ist.

(Henry Louis Meucken)

Große Probleme sollte man in Angriff nehmen, solange sie noch klein sind.

(Karl Schwarzer)

Es fehlt nicht an Plänen, sondern an deren Umsetzung.

(Manfred Rommel)

Die meisten Probleme lassen sich nicht lösen, sondern nur mildern.

(Manfred Rommel)

Wenn man sagt, daß man einer guten Sache grundsätzlich zustimmt, so bedeutet es, daß man nicht die geringste Absicht hat, sie in der Praxis durchzuführen.

(Otto von Bismarck)

Für den Optimisten ist das Leben kein Problem, sondern bereits die Lösung.

(Autor unbekannt)

Die Betriebsanalyse ist eine kostspielige Methode, durch externe Berater das ermitteln zu lassen, was man seit 20 Jahren weiß.

(Michael Schiff)

Problemlösung – Verfahren

Die Reformer vergessen gern, daß man, um den Stundenzeiger zu rücken, bloß den Minutenzeiger zu drehen braucht.

(Jean Paul)

Nur durch den Winter wird der Lenz errungen.

(Gottfried Keller)

Der Widerspruch ist es, der uns produktiv macht.

(Johann Wolfgang von Goethe)

Wer steilen Berg erklimmt, hebt an mit ruhigem Schritt.

(William Shakespeare)

Wer schon die Übersicht verloren hat, muß wenigstens den Mut zur Entscheidung haben.

(Autor unbekannt)

Wer zur Quelle gelangen will, muß gegen den Strom schwimmen.

(chinesisches Sprichwort)

Du siehst die leuchtende Sternschnuppe erst dann, wenn sie vergeht.

(Friedrich Hebbel)

Um zur Wahrheit zu gelangen, muß man oft mit einer Täuschung beginnen. Dem Licht muß notwendigerweise Finsternis vorausgegangen sein.

(Giacomo Casanova)

Der gerade Weg ist der kürzeste, aber es dauert meist am längsten, bis man auf ihm zum Ziel gelangt.

(Georg Christoph Lichtenberg)

Der eine wartet, bis die Zeit sich wandelt,
der andere packt sie kräftig an und handelt.

(Dante)

Gegensätze soll man nicht auszugleichen trachten, sondern produktiv gestalten.

(Richard von Schaukal)

Ich habe eine wunderschöne Lösung – leider fehlt mir das Problem dazu.

(Autor unbekannt)

Wer zu spät kommt, den bestraft das Leben.

(Michail Gorbatschow)

Jede Lösung eines Problems ist ein neues Problem.

(Johann Wolfgang von Goethe)

Gib mir einen Standpunkt außerhalb der Erde, und ich werde sie aus den Angeln heben.

(Archimedes)

Problemlösung – Verfahren

Wenn man sich nicht traut, aufs Ganze zu gehen, tut man so, als ob man einen notwendigen Sprung über einen großen Abgrund in mehrere Teile zerlegen könnte.
(Doppler / Lauterburg)

Oft läßt sich das, was sich nicht durch Gewalt besiegen läßt, ganz einfach durch Geduld besiegen.

(italienisches Sprichwort)

Wo man nicht mit Vernunft handelt, ist auch der Eifer nichts nütze.

(Bibel, Sprüche 19,2)

Betrachte Probleme nicht durch ein Mikroskop, sondern nimm ein Teleskop.

(Antony Jay)

Wenn Sie ein Problem haben, fragen Sie Ihren Vorgesetzten – und machen Sie das Gegenteil von dem, was er sagt.

(Michail Gorbatschow)

Dort, wo wir denken, wir können nicht weiter, da fängt das Können überhaupt erst an.

(Wolfgang Goetz)

Wer sich ständig von Vernunft leiten läßt, ist nicht vernünftig.

(Charles Tschopp)

Probleme sind Gelegenheiten, zu zeigen, was man kann.

(Duke Ellington)

Probleme können nicht mit den gleichen Denkstrukturen gelöst werden, mit denen sie verursacht wurden.

(Albert Einstein)

Eine Rose riecht besser als ein Kohlkopf, gibt aber keine bessere Suppe ab.

(Autor unbekannt)

Die Henne ist das klügste Geschöpf im Tierreich: Sie gackert erst, nachdem das Ei gelegt ist.

(Abraham Lincoln)

Es ist besser, für etwas zu kämpfen, als gegen etwas.

(Amos Bronson Alcott)

Wer mit dem Strom schwimmt, erreicht die Quelle nie.

(Peter Tille)

Zu viel Fleiß im Kleinen macht meistens unfähig zum Großen.

(François de La Rochefoucauld)

Für das Können gibt es meist nur einen Beweis: das Tun.

(Marie von Ebner Eschenbach)

Nur wer denkt, irrt auch.

(Horst Friedrich)

Getretener Quark wird breit – nicht stark.

(Johann Wolfgang von Goethe)

Gut gemeint ist das Gegenteil von gut.

(Autor unbekannt)

Wer A sagt, muß nicht B sagen. Er kann auch erkennen, daß A falsch war.

(Bertold Brecht)

Kein Problem wird gelöst, wenn wir träge darauf warten, daß Gott allein sich darum kümmert.

(Martin Luther King)

Es ist nicht genug, zu wissen, man muß es auch anwenden können. Es ist nicht genug, zu wollen, man muß es auch tun.

(Johann Wolfgang von Goethe)

Sobald eine Sache schiefgegangen ist, nennt man sie Experiment, dieses Wort ist das Lieblingswort der Pechvögel.

(Robert Penn Warren)

Ein aufrichtiger Irrtum ist keine Lüge, er ist nur ein Schritt auf die Wahrheit zu.

(Romain Rolland)

Bemüh' Dich nur und sei hübsch froh,
der Ärger kommt schon sowieso.

(Wilhelm Busch)

Ein Wunsch kann durch nichts mehr verlieren als dadurch, daß er in Erfüllung geht.

(Peter Bamm)

Die Menschen stolpern nicht über Berge, sondern über Maulwurfshügel.

(Konfuzius)

Wer sich nicht bewegt, spürt auch seine Fesseln nicht.

(Autor unbekannt)

Wir machen Fehler aus Versehen. Die anderen machen sie aus Dummheit.

(Gabriel Laub)

Problemlösung – Verfahren

Die sicherste Art, einen Zug zu erreichen, besteht darin, den vorangegangenen zu versäumen.

(Carlo Nell)

Kleine Taten, die man ausführt, sind besser als große, die man plant.

(George Marshall)

Die Schwierigkeit liegt darin, daß wir als Menschen nicht nur Probleme lösen, sondern auch Probleme schaffen.

(Edward Teller)

Man kann keinen Eierkuchen backen, ohne ein paar Eier zu zerschlagen.

(Napoleon Bonaparte)

Bereit sein ist viel, warten können ist mehr, doch erst den rechten Augenblick abwarten ist alles.

(Arthur Schnitzler)

Ängstlich zu sinnen und zu denken, wie man es hätte tun können, ist das übelste, was man tun kann.

(Georg Christoph Lichtenberg)

Wirklich innovativ ist man nur dann, wenn mal etwas daneben gegangen ist.

(Woody Allen)

Auch wer stolpert, ist einen Schritt weiter.

(Autor unbekannt)

Wenn die anderen glauben, man ist am Ende, so muß man erst richtig anfangen.

(Konrad Adenauer)

Wir sind nicht am Anfang, wir sind auch noch nicht am Ende, aber wir sind am Anfang vom Ende.

(Winston Churchill)

In kritischen Lagen soll man nicht Sündenböcke suchen, sondern einen Ausweg.

(Hanna Suchocka)

Ausgänge täuschen Auswege vor.

(Elazar Benyoetz)

Damit das Mögliche entsteht, muß immer wieder das Unmögliche versucht werden.

(Hermann Hesse)

Unsere Zweifel sind Verräter am Guten, das wir oft erzwingen könnten, wenn wir den Versuch nicht scheuen würden.

(William Shakespeare)

Mut steht am Anfang des Handelns, Glück am Ende.

(Demokrit)

Das Wesentliche an jeder Erfindung tut der Zufall, aber den meisten Menschen begegnet der Zufall nicht.

(Friedrich Nietzsche)

Problemlösung – Verfahren

Verbringe nicht die Zeit mit der Suche nach einem Hindernis: Vielleicht ist keines da.

(Franz Kafka)

Hast Du Luftschlösser gebaut, so braucht Deine Arbeit nicht verloren zu sein. Eben dort sollen sie sein. Jetzt lege nur noch das Fundament darunter.

(Henry David Thoreau)

Willst Du im laufenden Jahr ein Ergebnis sehen, so setze Samenkörner. Willst Du in zehn Jahren ein Ergebnis sehen, so setze Bäume. Willst Du das ganze Leben lang ein Ergebnis sehen, so entwickle den Menschen.

(Kuan Chung Tzu)

Es gibt mehr Leute, die kapitulieren, als solche, die scheitern.

(Henry Ford)

Einen Vorsprung im Leben hat, wer da anpackt, wo die anderen erst einmal reden.

(John F. Kennedy)

Wir müssen das, was wir denken, auch sagen. Wir müssen das, was wir sagen, auch tun. Und wir müssen das, was wir tun, dann auch sein.

(Alfred Herrhausen)

Im Leben fängt man dann und wann wieder mal von vorne an.

(Wilhelm Busch)

Leben heißt kämpfen. Ruhe wirst Du im Grab haben.

(Seneca)

Das gefährlichste Unterfangen auf der Welt ist, einen Abgrund mit zwei Sprüngen zu überqueren.

(David Lloyd George)

Zweifel muß nichts weiter sein als Wachsamkeit, sonst kann er gefährlich werden.

(Georg Christoph Lichtenberg)

Ohne Kampf, unter Anwendung kleiner Mittel, sind freilich zu allen Zeiten Riesen gestürzt worden.

(Theodor Fontane)

Die Kunst der Lebensführung besteht darin, mit genau so viel Dampf zu fahren, wie gerade da ist.

(Theodor Fontane)

„Gib meinen guten Entschlüssen Kraft!" ist eine Bitte, die im Vaterunser stehen könnte.

(Georg Christoph Lichtenberg)

Aufrichtige und völlige Hingabe ist eine Tugend vor allen Tugenden. Kein Werk ohne Belang kann ohne sie zustande kommen.

(Meister Eckhart)

Es ist besser, unvollkommene Entscheidungen zu
treffen, als ständig nach vollkommenen Entscheidungen
zu suchen, die es niemals geben wird.

(Charles de Gaulle)

Von den Chinesen könnten wir viel lernen: Sie haben
für Krise und Chance das selbe Schriftzeichen.

(Richard von Weizsäcker)

Wer hohe Türme bauen will, muß lange beim
Fundament verweilen.

(Anton Bruckner)

Der Anfang ist immer das Entscheidende; hat man's
darin gut getroffen, so muß der Rest mit einer Art
innerer Notwendigkeit gelingen.

(Theodor Fontane)

Man unternehme das Leichte, als wäre es schwer, und
das schwere, als wäre es leicht; ersteres, damit das
Selbstvertrauen uns nicht sorglos, letzteres, damit die
Zaghaftigkeit uns nicht mutlos macht.

(Baltasar Gracian)

Die Wahrheit finden wollen ist ein Verdienst, wenn
man auch auf dem Wege irrt.

(Georg Christoph Lichtenberg)

Habe Geduld; das Gras wächst nicht dadurch schneller,
indem Du daran ziehst.

(Autor unbekannt)

Erfolg – Effizienz

Investitionsrechnungen beim Kauf von Maschinen sind sinnlos, wenn man beim Engagieren von Mitarbeitern nachlässig verfährt.

(von Krockow)

Effizienz in den Spielzügen, die Moral in den Spielregeln!

(Ernst Buschor)

Lieber eine Idee zu 100% realisieren als 100 Ideen zu 1%.

(Autor unbekannt)

Meine Verfolger müssen mir schon folgen. Sonst verfehlen sie mich.

(H. Kudszus)

Erfolg hat nur der, der etwas tut, während er auf den Erfolg wartet.

(Thomas A. Edison)

Ineffektive Menschen versuchen, nach Vorschriften zu leben. Effektive Menschen dagegen führen ihr Leben nach Prinzipien.

(Stephen R. Covey)

Lieber 100 mal gemacht und einmal gescheitert, als 100 mal nicht gemacht.

(FKS-Zitat)

Erfolg – Effizienz

Die Zahl der Gegner zu maximieren ist ehrenvoll, aber nicht erfolgreich.

(FKS-Zitat)

Erfolg ist so ziemlich das letzte, was einem vergeben wird.

(Truman Capote)

Erfolg ist die Kunst, Fehler zu machen, die kein anderer merkt.

(Martin Jente)

Jeder Mensch macht Fehler. Das Kunststück liegt darin, sie dann zu machen, wenn keiner zuschaut.

(Peter Ustinov)

Das Geheimnis des Erfolgs ist, anders zu sein als die anderen.

(Woody Allen)

Wer alle Ziele erreicht hat, hat sie wahrscheinlich zu niedrig angesetzt.

(Herbert von Karajan)

Die Welt erwartet Ergebnisse. Sprich nicht über Deine Bemühungen.

(Arnold Glasow)

Wenn man in einer Abstimmung als einziger von 12 unterliegt, läßt sich die Behauptung nicht lange durchhalten, daß 11 andere isoliert waren.

(FKS-Zitat)

Manch einer verdankt seinen Erfolg den Ratschlägen, die er nicht angenommen hat.

(Ferenc Molnar)

Der Erfolg eines Menschen hängt weder von der Größe seiner Intelligenz, seiner Kenntnisse oder seiner Mittel ab, sondern einzig und allein davon, wie er seine Kräfte und Mittel einsetzt.

(Wolfgang Meewes)

Qualität ist, wenn der Kunde wiederkommt und nicht die Ware.

(Autor unbekannt)

Die Klugheit gibt nur Rat, die Tat entscheidet.

(Franz Grillparzer)

Man kann einen Baum nicht nach der Güte seiner Blätter einschätzen, sondern nur nach der Güte seiner Früchte.

(Giordano Bruno)

Hast Du eine Aufgabe übernommen, der Du nicht gewachsen bist, so wirst Du Dich damit nicht nur bloßstellen, sondern darüber auch das versäumen, was Du hättest tun können.

(Epiktet)

Erfolg – Effizienz

Die Einsicht in das Mögliche und Unmögliche ist es,
die den Helden vom Abenteurer scheidet.

(Theodor Mommsen)

Dem Ersten gebührt der Ruhm, wenn es auch die
Nachfolger besser gemacht haben.

(Arabisches Sprichwort)

Erfolg ersetzt alle Argumente.

(Sigmund Graff)

Wer raschen Erfolg haben will, muß wenig
Persönlichkeit besitzen.

(Jakob Boßhart)

Ich habe stets beobachtet, daß man, um Erfolg in der
Welt zu haben, närrisch scheinen und weise handeln
muß.

(Charles Montesquieu)

Es ist ein charakteristisches Kennzeichen für alle
wirklich großen Gedanken, daß sie sich ohne Gewalt
durchsetzen.

(Hermann Pohl)

Tue nichts Gutes, passiert Dir nichts Böses.

(Hermann Bolz)

Die Anzahl unserer Neider bestätigen unsere
Fähigkeiten.

(Oscar Wilde)

Der Beweis von Heldentum liegt nicht im Gewinnen einer Schlacht, sondern im Ertragen einer Niederlage.

(David Lloyd George)

Fordere viel von Dir selbst und erwarte wenig von anderen. So wird Dir viel Ärger erspart bleiben.

(Konfuzius)

Um Erfolg zu haben, mußt Du den Standpunkt des anderen annehmen und die Dinge mit seinen Augen betrachten.

(Henry Ford)

Tätig ist man immer mit einem gewissen Lärm. Wirken geht in der Stille vor sich.

(Peter Bamm)

Jedenfalls ist es besser, ein eckiges Etwas zu sein, als ein rundes Nichts.

(Friedrich Hebbel)

Gesellschaftlich ist kaum etwas so erfolgreich wie Dummheit mit guten Manieren.

(Voltaire)

Man kann niemanden überholen, wenn man in seine Fußstapfen tritt.

(François Truffaut)

Eine Erfolgsformel kann ich Dir nicht geben; aber ich kann Dir sagen, was zum Mißerfolg führt: Der Versuch, jedem gerecht zu werden.

(Herbert Swope)

Jeder Erfolg, den man erzielt, schafft einen Feind. Man muß schon mittelmäßig sein, wenn man beliebt sein will.

(Oscar Wilde)

Achtung verdient, wer vollbringt, was er vermag.

(Sophokles)

Eines der traurigsten Dinge im Leben ist, daß ein Mensch viele gute Taten tun muß, um zu beweisen, daß er tüchtig ist, aber nur einen Fehler zu begehen braucht, um zu beweisen, daß er nichts taugt.

(George Bernard Shaw)

Was noch zu leisten ist, das bedenke, was Du schon geleistet hast, das vergiß.

(Marie von Ebner-Eschenbach)

Es gibt zwei Typen von Menschen auf dieser Welt: Gute und Schlechte. Die Guten schlafen besser, aber die Schlechten scheinen die wachen Stunden wesentlich mehr zu genießen.

(Woody Allen)

Das Licht am Ende des Tunnels ist meist eine Leuchttafel, auf der „kein Ausgang" steht.

(Autor unbekannt)

Der Erfolg zählt. Die Mißerfolge werden gezählt.

(Nikolaus Cybinski)

Nur ein mittelmäßiger Mensch ist immer in Hochform.

(William Somerset Maugham)

Wer nichts böses tut, hat damit noch lange nichts gutes getan.

(Heinrich Waggerl)

Das Leben ist ein Spiel. Man macht keine größeren Gewinne, ohne Verluste zu riskieren.

(Christine von Schweden)

Risiko ist die Bugwelle des Erfolgs.

(Carl Améry)

Der größte Genuß im Leben ist, das zu tun, von dem die Leute sagen, daß Du es nicht tun kannst.

(Walter Bagehot)

Man kann es durch zweierlei Art zu etwas bringen: Durch eigenes Können oder durch die Dummheit der anderen.

(Jean de La Bruyère)

Leute, die immer nur mitfahren, sind stolz darauf, keine Unfälle zu verschulden.

(Gabriel Laub)

Erfolg – Effizienz

Viele Leute versäumen das kleine Glück, weil sie auf das große vergeblich gewartet haben.

(William James)

Um es in der Welt zu etwas zu bringen, muß man so tun, als habe man es zu etwas gebracht.

(Fançois de La Rochefoucauld)

Wo man am meisten drauf erpicht,
gerade das bekommt man nicht.

(Wilhelm Busch)

Es ist besser, in Ehren zu versagen, als durch Betrug erfolgreich zu sein.

(Sophokles)

Das Geheimnis der Japaner ist eben, daß sie arbeiten und nicht Vorträge darüber halten.

(Peter Drucker)

Niederlagen sind das stärkenste, was einem widerfahren kann.

(Tony Benn)

Nicht der Beginn wird belohnt, sondern einzig und alleine das Durchhalten.

(Katharina von Siena)

Alles, was wir brauchen, um wirklich glücklich zu sein, ist etwas, wofür wir uns begeistern können.

(Christoph Kingsley)

Auch in einer Träne kann sich die Sonne spiegeln.

(Maxi Böhm)

Nie entmutigt sein ist das Geheimnis meines Erfolges.

(Ernest Hemingway)

Ausdauer wird früher oder später belohnt – meistens aber später.

(Wilhelm Busch)

Hast Du im Leben tausend Treffer,
man hört's, man sieht's, man geht vorbei,
Doch lauthals brüllt der kleinste Kläffer,
schießt Du ein einz'ges mal vorbei.

(Edmund Kreuzner)

Schöne Dinge wachsen inmitten der Dornen.

(Autor unbekannt)

Die Talente sind oft gar nicht so ungleich, im Fleiß und Charakter liegen die Unterschiede.

(Theodor Fontane)

Um durch die Welt zu kommen, ist es zweckmäßig, einen großen Vorrat an Vorsicht und Nachsicht mitzunehmen: Durch erstere wird man vor Schaden und Verlust, durch letztere vor Streit und Händeln geschützt.

(Arthur Schopenhauer)

Erfolg – Effizienz

Man muß Ärger aushalten können; wenn man es nicht kann, wenn man ihm überall aus dem Wege geht, so erreicht man nichts.

(Theodor Fontane)

Wenn Arbeit reich macht, müßten die Mühlen den Eseln gehören.

(Autor unbekannt)

Ein kluger Mann macht nicht alle Fehler selbst, er gibt auch anderen eine Chance.

(Winston Churchill)

Denn früh belehrt ihn die Erfahrung:
Sobald er schrie, bekam er Nahrung.

(Wilhelm Busch)

Alle Gelegenheit, glücklich zu werden, hilft nichts, wer den Verstand nicht hat, sie zu benutzen.

(Johann Peter Hebel)

Ein Optimist riskiert die Möglichkeit des Verlustes, ein Pessimist verliert die Chance des Gewinns.

(Hazrat Inayat Khan)

Es gibt nur ein Mittel, sich wohl zu fühlen: Man muß lernen, mit dem Gegebenen zufrieden zu sein, und nicht immer das verlangen, was gerade fehlt.

(Theodor Fontane)

Die Vollkommenheit besteht nicht in der Quantität, sondern in der Qualität. Alles Vortreffliche ist stets wenig und selten.

(Baltasar Gracian)

Sei dankbar für das, was Du hast; warte auf das übrige und sei froh, daß Du noch nicht alles hast; es ist auch ein Vergnügen, noch auf etwas zu hoffen.

(Seneca)

Ohne Streben kein Erfolg, ohne Feuer kein Brand.

(Christian Morgenstern)

Der edle Mensch ist im Frieden mit sich selbst; der Gemeine macht sich ständig Sorgen.

(Konfuzius)

Zeitmanagement

Wir haben nicht zu wenig Zeit, aber wir verschwenden zu viel davon.

(Seneca)

Was ist „Zeit"?: Wenn keiner mich fragt, dann weiß ich's; wenn einer mich fragt und ich's erklären soll, weiß ich's nicht mehr ... Nur während die Zeit verrinnt, kann sie erfahren und gemessen werden.

(Augustinus)

Ein Heute ist besser als zehn Morgen.

(Autor unbekannt)

Ich lasse mich nicht hetzen. Ich bin bei der Arbeit und nicht auf der Flucht.

(Autor unbekannt)

Gebraucht die Zeit, sie eilt so schnell von hinnen; doch Ordnung läßt uns Zeit gewinnen.

(Johann Wolfgang von Goethe)

Es ist nichts so dringend, als daß es durch Liegenlassen nicht noch dringender würde, oder sich von selbst erledigen würde.

(Hardy Wagner)

Es gibt Diebe, die nicht bestraft werden, und einem doch das wichtigste stehlen: die Zeit.

(Napoleon Bonaparte)

Verschiebe nicht auf morgen, was genausogut auf
übermorgen verschoben werden kann.

(Mark Twain)

Man hat niemals Zeit, etwas richtig zu machen, aber
immer Zeit, es noch einmal zu machen.

(Autor unbekannt)

Der Aufschub ist der Dieb der Zeit.

(Edward Young)

Der rastlose Arbeitsmensch von heute hat tagsüber
keine Zeit, sich Gedanken zu machen, und abends ist er
zu müde dazu. Alles in allem hält er das für Glück.

(George Bernard Shaw)

Die meiste Zeit geht dadurch verloren, daß man nicht
zu Ende denkt.

(Alfred Hartasson)

Man verliert die meiste Zeit damit, daß man Zeit
gewinnen will.

(John Steinbeck)

Nichts wird so unwiederbringlich versäumt wie eine
Gelegenheit, die sich täglich bietet.

(Marie von Ebner-Eschenbach)

Zeit haben nur diejenigen, die es zu nichts gebracht haben. Und damit haben sie es weitergebracht als alle anderen.

(Giovanni Guareschi)

Wenn die Zeit kommt, in der man könnte, ist die vorüber, in der man kann.

(Marie von Ebner-Eschenbach

Morgen ist auch noch ein Tag, sagt der Optimist.

(Werner Mitsch)

Die Menschen, die niemals Zeit haben, tun am wenigsten.

(Georg Christoph Lichtenberg)

Es gibt drei Arten, seine Zeit zu vertun: Nichts zu tun, es ungenau zu tun, oder es im falschen Augenblick zu tun.

(Voltaire)

Die Zeit wartet auf niemanden. Sammle jeden Moment, der Dir bleibt, denn er ist wertvoll. Teile ihn mit einem besonderen Menschen, und er wird noch wertvoller.

(Augustinus)

Alle Menschen schieben auf und bereuen den Aufschub.

(Georg Christoph Lichtenberg)

Heute: Tag, an dem man gute Vorsätze faßt. Morgen: Frühester Tag für ihre Verwirklichung.

(Ron Kritzfeld)

Heute ist morgen gestern.

(Autor unbekannt)

Die Zeit ist nur ein leerer Raum, dem Begebenheiten, Gedanken und Empfindungen erst Inhalt gaben.

(Wilhelm von Humboldt)

Zeit ist das, was man an der Uhr abliest.

(Albert Einstein)

So mancher, der den Wunsch hat, ewig zu leben, weiß oft nicht, wie er eine kurze Stunde ausfüllen soll.

(Upton Sinclair)

Man kann dem Leben nicht mehr Tage geben, aber dem Tag mehr Leben.

(Chinesische Weisheit)

Argwöhnisch wacht der Mensch über alles, was ihm gehört. Nur die Zeit läßt er sich stehlen.

(Linus Carl Pauling)

Die Kalenderblätter fallen nur so herunter. Sie sind der Haarausfall der Zeit.

(Saul Bellow)

Nichts schnelleres gibt's als die Jahre.

(Ovid)

Nutze jede Stunde: Wenn Du das Heute wahrnimmst, wirst Du weniger vom Morgen abhängen. Indem man das Leben aufschiebt, eilt es von dannen.

(Seneca)

Zeit gewonnen, alles gewonnen. Dies ist nichts neues, aber die trivialsten Sätze sind immer die richtigsten.

(Theodor Fontane)

Man muß so leben, als habe man nur noch eine Stunde Zeit und könne nur das Allerwichtigste erledigen. Und gleichzeitig so, als werde man das, was man tut, bis in alle Ewigkeit fortsetzen.

(Lew Nikolajewitsch Tolstoi)

Gespräche – Besprechungen – Konferenzen

Eine Konferenz ist eine Sitzung, bei der viele hineingehen und wenig herauskommt.

(Werner Finck)

Unser eigentliches Problem liegt in der Verständigung, nicht in der Information.

(Klaus Doppler)

Ich weiß nicht, was ich gesagt habe, bevor ich nicht die Antwort darauf gehört habe.

(Norbert Wiener)

Ein Abend, an dem sich alle Anwesenden einig sind, ist ein verlorener Abend.

(Albert Einstein)

Es hört doch jeder nur, was er versteht.

(Johann Wolfgang von Goethe)

Wenn ein Problem viele Besprechungen verursacht, dann werden die Besprechungen vielleicht wichtiger als das Problem.

(Hendrickson's Gesetz)

Konferenz: Ein Treffen, wo entschieden wird, wann das nächste Treffen stattfinden wird.

(Henry Ginsberg)

Ein Ausschuß ist ein beratendes Gremium zur
Abwendung echter Entschlüsse.

(Michael Schiff)

Was ist Meinungsaustausch? Wenn ein Beamter mit
seiner Meinung zu seinem Vorgesetzten geht und mit
dessen Meinung zurückkommt.

(Autor unbekannt)

Ein Ausschuß produziert oft gleichnamiges.

(Autor unbekannt)

Eine Kommission ist eine Gruppe von Unwilligen,
gewählt von einer Schar von Unfähigen zwecks
Erledigung von etwas Unnötigem.

(Richard Harkness)

Eine Konferenz ist eine Veranstaltung, bei der Leute
über Dinge reden, die sie tun sollten.

(Autor unbekannt)

Es ist besser, durch Schweigen den Verdacht der
Inkompetenz zu erwecken, als durch Reden jeden
Zweifel daran auszuräumen.

(Franz Steinkühler)

Sachkenntnis ist das letzte, was man für eine lebhafte
Diskussion benötigt.

(Pierre de Beaumarchais)

Leute, deren Gespräch es an Tiefe fehlt, gleichen das oft durch Länge aus.

(Autor unbekannt)

Es ist ein Unglück, nicht genug Geist zu haben, um eine Rede zu halten, und nicht genug Selbsterkenntnis, um zu schweigen.

(Jean de La Bruyère)

Viele Menschen sind zu gut erzogen, um mit vollem Mund zu sprechen, aber sie haben keine Bedenken, es mit leerem Kopf zu tun.

(Oscar Wilde)

Jeder hat dumme Gedanken, aber der Weise spricht sie nicht aus.

(Buddha)

Höre geduldig den an, der mit Dir spricht, und beeile Dich nicht, ihn zu unterbrechen. Man fängt keine Unterhaltung mit Antworten an.

(Tausendundeine Nacht)

Eine Diskussion ist unmöglich mit jemandem, der vorgibt, die Wahrheit nicht zu suchen, sondern sie schon zu besitzen.

(Romain Rolland)

Man wird nur noch gehört, wenn man ganz wenig und ganz selten etwas sagt.

(Peter Turrini)

Gespräche – Besprechungen – Konferenzen

Es ist alles gesagt, nur nicht von jedem.

(Karl Valentin)

Wer eine Frage stellt, erscheint vielleicht kurze Zeit als dumm. Wer sie nicht stellt, bleibt es sein Leben lang.

(Autor unbekannt)

Die gute Unterhaltung besteht nicht darin, daß man selbst etwas Gescheites sagt, sondern darin, daß man etwas Dummes anhören kann.

(Wilhelm Busch)

Die beste Tarnung ist die Wahrheit. Die glaubt einem keiner!

(Max Frisch)

Mit leerem Kopf nickt es sich leichter.

(Zarko Petan)

Hohle Gefäße geben mehr Klang ab als gefüllte. Ein Schwätzer ist meist ein leerer Kopf.

(August von Platen)

Zwei Monologe, die sich gegenseitig immer und immer wieder störend unterbrechen, nennt man eine Diskussion.

(Charles Tschopp)

Besser schweigen und als Narr erscheinen, als sprechen und jeden Zweifel darüber beseitigen.

(Abraham Lincoln)

Es gibt nichts schöneres, als dem Schweigen eines Dummkopfs zuzuhören.

(Helmut Qualtinger)

Gesegnet seien jene, die nichts zu sagen haben und den Mund halten.

(Oscar Wilde)

Schlagfertigkeit ist etwas, worauf man erst 24 Stunden später kommt.

(Mark Twain)

Ein guter Einfall ist wie der Hahn am Morgen: Gleich krähen andere Hähne mit.

(Karl Heinrich Waggerl)

Lautsprecher verstärken die Stimme, aber nicht die Argumente.

(Hans Kasper)

Die Beleidigungen sind die Argumente derer, die über keine Argumente verfügen.

(Jean-Jacques Rousseau)

Wer die Wahrheit im falschen Moment sagt, gilt als Zyniker.

(Oscar Wilde)

Gespräche – Besprechungen – Konferenzen

Wenn es das Kennzeichen großer Geister ist, mit wenig Worten viel zum Ausdruck zu bringen, so haben die kleinen Geister hingegen die Gabe, viel zu reden und nichts zu sagen.

(François de La Rochefoucauld)

Je hohler das Schlagwort ist, desto mehr Lärm kann man damit erzeugen.

(John B. Priestley)

Wir lieben die Menschen, die frisch heraussagen, was sie denken – falls sie das gleiche denken wie wir.

(Mark Twain)

Die Mitteilungsmöglichkeit des Menschen ist gewaltig, doch das meiste, was er sagt, ist hohl und falsch.

(Leonardo da Vinci)

Dumme Fragen stellen kann jeder. Aber auf ernst gemeinte Fragen dumme Antworten geben, dazu gehört schon ein gewisses Können.

(Mark Twain)

Die Vernunft spricht leise, deshalb wird sie so oft nicht gehört.

(Jawaharlal Nehru)

Ein Urteil läßt sich widerlegen, ein Vorurteil nie.

(Marie von Ebner-Eschenbach)

Schweigen ist der vollkommenste Ausdruck der
Verachtung.

(George Bernard Shaw)

Warum können wir uns an die kleinste Einzelheit eines
Erlebnisses erinnern, aber nicht daran, wie oft wir es
ein und derselben Person schon erzählt haben?

(François de La Rochefoucauld)

Wer sich in der Diskussion auf eine Autorität beruft,
braucht nicht den Verstand, sondern sein Gedächtnis.

(Leonardo da Vinci)

Alle menschlichen Organe werden irgendwann einmal
müde, nur die Zunge nicht.

(Konrad Adenauer)

Wer unter Toren schweigt, läßt Vernunft, wer unter
Vernünftigen schweigt, Torheit vermuten.

(Ernst Freiherr von Feuchtersleben)

Gedanken sind wie Haare: Die meisten sind wertlos,
sobald sie den Kopf verlassen haben.

(Werner Mitsch)

Die Art der Beleuchtung einer Sache ändert nichts an
ihrem Wesen.

(Stanislaw Jerzy Lec)

Gespräche – Besprechungen – Konferenzen

Die lautesten Plätscherer sind die schlechtesten Schwimmer.

(Autor unbekannt)

Lächeln ist die eleganteste Art, seinem Gegner die Zähne zu zeigen.

(Autor unbekannt)

Manche Leute drücken nur ein Auge zu, damit sie besser zielen können.

(Billy Wilder)

Verhandeln und Argumentieren

Wer dem anderen recht gibt, behält seine Ruhe.

(Autor unbekannt)

Wer fragt, der führt.

(Autor unbekannt)

Der Konsens ist wirkungsvoller als der Zwang.

(Klaus Töpfer)

Zuhören können ist der halbe Erfolg.

(C. Coolidge)

Ein Kompromiß ist ein Übereinkommen, bei dem man vorgibt, daß man nachgibt.

(Willy Reichert)

Verhandlungstaktik heißt die Antwort provozieren, die man haben will.

(Hans Habe)

Verhandeln ist nicht die schlechteste Form des Handelns.

(William Roger)

Schlechte Argumente bekämpft man am besten, indem man ihre Darlegung nicht stört.

(Sydney Smith)

Mancher lehnt eine gute Idee nur deshalb ab, weil sie nicht von ihm ist.

(Luis Bunuel)

Jedwede Veränderungsstrategie ist so gut wie das Konzept zu ihrer Kommunikation.

(Doppler / Lauterburg)

Kommunikation in emotional aufgeheizten Situationen ist wie Säen im Sturm.

(Doppler / Lauterburg)

Wer Dialog anbietet, muß selber dialogfähig sein, und er muß etwas zu sagen haben.

(Annette Schavan)

Ausdauer ist eine Tochter der Kraft,
Hartnäckigkeit eine Tochter der Schwäche –
der Verstandsschwäche.

(Marie von Ebner-Eschenbach)

Einem fliehenden Feind soll man goldene Brücken bauen.

(Chinesisches Sprichwort)

Ehrst Du den Feind, der Ehren wert,
Du lähmst in seiner Hand das Schwert.

(Anastasius Grün)

Mit einem Choleriker kann man über alles streiten, nur muß man ihm Recht geben.

(Karl Peltzer)

Diplomatie ist die Kunst, mit hundert Worten zu verschweigen, was man mit einem einzigen Wort sagen könnte.

(Saint-John Perse)

Diplomatie ist die Kunst, einen Hund so lange zu streicheln, bis Maulkorb und Leine fertig sind.

(Felix Faure)

Der Anführer eines großen Heeres kann besiegt werden, aber den festen Entschluß eines einzigen kannst Du nicht wankend machen.

(Konfuzius)

Ein Kompromiß, das ist die Kunst, einen Kuchen so zu teilen, daß jeder meint, er habe das größte Stück bekommen.

(Ludwig Erhard)

Der Klügere gibt nach ist eine traurige Wahrheit, denn sie begründet die Weltherrschaft der Dummheit.

(Marie von Ebner-Eschenbach)

Man kann auf seinem Standpunkt stehen, aber man sollte nicht darauf sitzen.

(Erich Kästner)

Das Schwierige am Diskutieren ist nicht, den eigenen
Standpunkt zu verteidigen, sondern ihn zu kennen.

(André Maurois)

Einen Gescheiten kann man überzeugen, einen
Dummen überreden.

(Curt Goetz)

Es ist ein Grundirrtum, Heftigkeit und Starrheit Stärke
zu heißen.

(Thomas Carlyle)

Schweigen – mit arrogantem Unterton – schlägt das
schlagendste Argument.

(Oliver Hassencamp)

Wenn Du im Recht bist, kannst Du Dir es leisten, die
Ruhe zu bewahren; und wenn Du im Unrecht bist,
kannst Du es Dir nicht leisten, sie zu verlieren.

(Mahatma Gandhi)

Zum zehnten Mal wiederholt wird es gefallen.

(Horaz)

Die meisten von uns sind wie Litfaßsäulen: Wer zuletzt
was draufklebt, hat Recht.

(Johannes Leppich)

Schlagfertig ist jede Antwort, die so klug ist, daß ein
Zuhörer wünscht, er hätte sie gegeben.

(Elbert Hubbard)

Ein Fanatiker ist ein Mensch, der seine Ansichten nicht ändern kann, und der das Thema nicht wechseln will.

(Winston Churchill)

Wenn zwei Menschen immer dasselbe denken, ist einer von ihnen überflüssig.

(Winston Churchill)

Die kürzesten Wörter, nämlich ja und nein, erfordern das meiste Nachdenken.

(Pythagoras)

Je weicher die Wahrheit, desto steifer der Standpunkt.

(Stanislaw Jerzy Lec)

Beharrlichkeit wird zuweilen mit Eigensinn verwechselt.

(August von Kotzebue)

Eine Idee, die als Wahrheit abgewirtschaftet hat, kann als Schlagwort immer noch eine schöne Karriere machen.

(Hans Kailsheimer)

Alle unsere Streitigkeiten entstehen daraus, daß der eine dem anderen seine Meinung aufzwingen will.

(Mahatma Gandhi)

Wo Kompromisse fehlen, dominieren die Faustregeln.

(Werner Mitsch)

Wer einmal übers Ohr gehauen wurde, der hört beim nächsten Mal besser.

(Ernst Hauschka)

Das vertrackte am Klarmachen des eigenen Standpunktes ist, daß man dadurch zu einem nicht zu verfehlenden Ziel wird.

(Autor unbekannt)

Der Standpunkt macht es nicht, die Art macht es, wie man ihn vertritt.

(Autor unbekannt)

Wer schweigt, scheint zuzustimmen.

(Papst Bonifatius VIII.)

Wenn Du mich einmal betrügst – Deine Schande.
Wenn Du mich zweimal betrügst – meine Schande.

(Chinesisches Sprichwort)

4.
Soziale Kompetenz

Die Pferde, die ziehen, bekommen meistens die Peitsche.
(altes deutsches Sprichwort)

Anerkennung – Lob – Kritik

Wer die anderen neben sich klein macht, ist nie groß.

(Johann Gottfried Seume)

In jedem guten Wort steckt Wärme für drei Winter.

(mongolisches Sprichwort)

Niemand kann andere Menschen gut führen, wenn er sich nicht ehrlich an deren Erfolgen zu freuen vermag.

(Thomas Mann)

Anerkennung braucht jedermann. Alle Eigenschaften können durch tote Gleichgültigkeit der Umgebung zugrundegerichtet werden.

(Karl Immermann)

Leistung allein genügt nicht. Man muß auch jemanden finden, der sie anerkennt.

(Lothar Schmidt)

Strenge ist zulässig, wo Milde vergebens ist.

(Pierre Corneille)

Lobe keinen Menschen, ehe Du ihn beurteilt hast, denn das ist die Prüfung für jeden.

(Jesus Sirach)

Man muß nicht unbedingt das Licht des anderen
ausblasen, um das eigene Licht leuchten zu lassen.

(Phil Bosmans)

Die Menschen sind zum Tadel aufgelegt, weil sie sich
durch diesen indirekt selbst loben.

(Arthur Schopenhauer)

Aufmunterung nach dem Tadel ist Sonne nach dem
Regen.

(Johann Wolfgang von Goethe)

Gegen Angriffe kann man sich wehren, gegen Lob ist
man machtlos.

(Sigmund Freud)

Der Beifall ist kein Fallbeil, doch macht er manchen
kopflos.

(Ron Kritzfeld)

Tadeln ist leicht, deshalb versuchen sich so viele darin.
Mit Verstand loben ist schwer; darum tun es wenige.

(Anselm Feuerbach)

Glücklich sind die, die erfahren, was man an ihnen
aussetzt, und sich danach bessern können.

(William Shakespeare)

Beleidigungen sind die Argumente derer, die Unrecht
haben.

(Jean-Jaques Rousseau)

Anerkennung – Lob – Kritik

Anerkennung ist eine Pflanze, die vorwiegend auf Gräbern wächst.

(Robert Lembke)

Das Ergebnis einer Leistungsbeurteilung ist mehr abhängig von der Formulierungsfähigkeit des Vorgesetzten als von der Leistungsfähigkeit des Mitarbeiters.

(Heinrich Siedentopf)

Die Pferde, die ziehen, kriegen meist noch die Peitsche.

(altes deutsches Sprichwort)

Es ist wichtiger, Menschen zu studieren, als Bücher.

(François de La Rochefoucauld)

Ein Mensch fühlt oft sich wie verwandelt,
sobald man menschlich ihn behandelt.

(Eugen Roth)

Ein Mensch weiß aus Erfahrung: Lob
darf kurz und bündig sein, ja grob,
für Tadel – selbst von milder Sorte
braucht's lange, klug gewählte Worte.

(Eugen Roth)

Gleichgültigkeit ist die Gemeinheit der Mittelmäßigen.

(Hans Kasper)

Gleichgültigkeit ist die mildeste Form der Toleranz.

(Karl Jaspers)

Einer, der den Erfolg gepachtet hat, reagiert auf Kritik empfindlich.

(Fredy Gsteiger)

Was Du mit Geld nicht bezahlen kannst, bezahle wenigstens mit Dank.

(Karl Simrock)

Ehe man tadelt, sollte man immer erst versuchen, ob man nicht entschuldigen kann.

(Georg Christoph Lichtenberg)

Vergebene Fehler muß man auch vergessen.

(Christina von Schweden)

Wenn der Chef im Nacken sitzt, bekommt der Mitarbeiter leicht Rückenschmerzen.

(AOK-Fazit)

Ich zahle für die Fähigkeit, Menschen richtig zu behandeln, mehr als für alles andere auf der Welt.

(John D. Rockefeller)

Letzten Endes sind alle Probleme der Wirtschaft Personalprobleme.

(Alfred Herrhausen)

Führen heißt dadurch erfolgreich sein, daß man seine Mitarbeiter erfolgreich macht.

(Helmut Wohland)

Auch Schlafen ist eine Form der Kritik, vor allem im Theater.

(George Bernard Shaw)

Höflichkeit ist die sicherste Form der Verachtung.

(Heinrich Böll)

Auf zweierlei sollte man sich nie verlassen: Wenn man Böses tut, daß es verborgen bleibt; wenn man Gutes tut, daß es bemerkt wird.

(Ludwig Fulda)

Eine schmerzliche Wahrheit ist besser als eine Lüge.

(Thomas Mann)

Wer sich über Kritik ärgert, gibt zu, daß sie verdient war.

(Tacitus)

Toleranz heißt, die Fehler der anderen zu entschuldigen. Takt heißt, sie nicht zu bemerken.

(Arthur Schnitzler)

Wenn ich scherzen will, sage ich die Wahrheit. Das ist immer noch der größte Spaß auf Erden.

(George Bernard Shaw)

Hören Sie nicht auf das, was die Kritiker sagen. Für einen Kritiker ist noch nie ein Denkmal errichtet worden.

(Jean Sibelius)

Nicht durch Zorn, sondern durch Lachen tötet man.

(Friedrich Nietzsche)

Was andere uns zutrauen, ist meist bezeichnender für sie als für uns.

(Marie von Ebner-Eschenbach)

Man weist ein Lob zurück in dem Wunsch, nochmals gelobt zu werden.

(François de La Rochefoucauld)

Wenn Du kritisiert wirst, dann mußt Du irgend etwas richtig machen. Denn man greift nur den an, der den Ball hat.

(Bruce Lee)

Das größte Übel, das wir unseren Mitmenschen antun können, ist nicht, sie zu hassen, sondern ihnen gegenüber gleichgültig zu sein. Das ist absolute Unmenschlichkeit.

(George Bernard Shaw)

Statt zu klagen, daß wir nicht alles haben, was wir wollen, sollten wir lieber dankbar sein, daß wir nicht alles bekommen, was wir verdienen.

(Dieter Hildebrandt)

Nur wenige sind weise genug, fördernden Tadel trügendem Lobe vorzuziehen.

(François de La Rochefoucauld)

Dem Schlechten mißfallen heißt gelobt zu werden.

(Seneca)

Jede kleine Ehrlichkeit ist besser als eine große Lüge.

(Leonardo da Vinci)

Tadele nicht den Fluß, wenn Du ins Wasser fällst.

(Indisches Sprichwort)

Sag mir all meine Fehler, von Mann zu Mann. Ich kann alles ertragen, außer Schmeichelei.

(George Bernard Shaw)

Wer sich frei entfalten will, muß viele Ratschläge in den Wind schlagen können.

(Werner Mitsch)

Gehe mit Menschen um wie mit Holz! Nur weil ein Stück wurmstichig ist, würdest Du nie den ganzen Stamm wegwerfen.

(Chinesisches Sprichwort)

Die einen werden durch großes Lob schamhaft, die anderen frech.

(Friedrich Nietzsche)

Man beleidigt öfter mit Wahrheiten als mit Lügen.

(Charles Tschopp)

Lieber von den Richtigen kritisiert als von den Falschen gelobt werden.

(Gerhard Kocher)

Was unsere Epoche kennzeichnet, ist die Angst, für dumm zu gelten, wenn man etwas lobt, und für gescheit zu gelten, wenn man etwas tadelt.

(Jean Cocteau)

Eine tiefe Wunde wird niemals verheilen, ohne eine große Narbe zu hinterlassen.

(Jochen Burgstaller)

Beurteile nie einen Menschen, bevor Du nicht mindestens einen halben Mond lang seine Mokassins getragen hast.

(alte Indianische Weisheit)

Es gibt Augenblicke, in denen man nicht nur sehen, sondern ein Auge zudrücken muß.

(Benjamin Franklin)

Führen bedeutet, dem Mitarbeiter klar zu machen, daß er für einen Tag Urlaub zu wertvoll, für eine Gehaltserhöhung aber nicht wertvoll genug ist.

(Autor unbekannt)

Über nichts wird flüchtiger geurteilt als über die Charaktere von Menschen, und doch sollte man in nichts behutsamer sein.

(Georg Christoph Lichtenberg)

Wer meine Leistung nicht würdigt, ist dieser nicht würdig.

(Jochen Burgstaller)

Wenn wir über jemanden umlernen müssen, so rechnen wir ihm die Unbequemlichkeit hart an, die er uns damit macht.

(Friedrich Nietzsche)

Jeder sieht am Anderen nur so viel, als er selbst auch ist: Denn er kann ihn nur nach Maßgabe seiner eigenen Intelligenz fassen und verstehen.

(Arthur Schopenhauer)

Gelobt werden ist immer gut, aber den Ausschlag gibt doch das „wie".

(Theodor Fontane)

Kein Mensch ist so schlecht wie sein Ruf. Und keiner so gut wie sein Nachruf.

(Werner Mitsch)

Zusammenarbeit – Arbeiten im Team

Wenn ein Reich mit sich selbst uneins wird, kann es nicht bestehen.

(Markus 3,24)

Ich bin o.k., Du bist o.k.! Nobody is perfect.

(Autor unbekannt)

Delegation bedeutet im Grenzfall geradezu, den Erfolg wegzugeben, den Mißerfolg aber selbst zu tragen.

(Hans L. Merkle)

Erst die Kommunikation macht aus der Information das Material zum Handeln.

(FKS-Zitat)

Vor wichtigen Entscheidungen frage der Abt seine Brüder!

(benedektinische Regel)

Es gibt heute nur noch eine kämpferische Tugend: sich zusammenraufen.

(Birgit Berg)

Die Organisation ist dümmer als die Menschen, die in ihr arbeiten; das Team ist schlauer als die Menschen, die in ihm arbeiten.

(Klaus Mayessen)

Zusammenarbeit – Arbeiten im Team

Im zwischenmenschlichen Bereich kommt man mit Stoppuhr und Checkliste nicht allzu weit.

(Doppler / Lauterburg)

Nichts ist mir wichtiger als jene Information, die ich nicht besitze.

(Henry Ginsberg)

Kooperation ist oft schon die Verhinderung von Obstruktion.

(Autor unbekannt)

Teamarbeit ist, wenn vier Leute für eine Arbeit bezahlt werden, die drei besser machen könnten, wenn sie nur zu zweit wären und einer davon krank im Bett läge.

(Martin Wohlgast)

Die individuelle Freiheit ist kein Kulturgut. Sie war am größten vor jeder Kultur.

(Sigmund Freud)

Was alle angeht, können auch nur alle lösen.

(Friedrich Dürenmatt)

In einem schlechten Team ist das wie in einer Mannschaft mit elf Stürmerstars: Wenn alle unbedingt ein Tor schießen wollen, kriegen sie meist selbst eines.

(Rudolf Scharping)

Ein Hochleistungsteam ist kreativer und findiger im Problemlösen als jeder allein arbeitende Mitarbeiter.

(Kenneth Blanchard)

Durch Eintracht wachsen kleine Dinge, durch Zwietracht zerfallen die größten.

(Salust)

Wenn die Pflicht ruft, gibt es viele Schwerhörige.

(Gustav Knuth)

Wer allein arbeitet, addiert; wer zusammen arbeitet, multipliziert.

(orientalische Weisheit)

Man kann ohne Liebe Holz hacken, Ziegel formen, Eisen schmieden, aber man kann nicht ohne Liebe mit Menschen umgehen.

(Leo Tolstoj)

Der einzige Mensch, der sich vernünftig benimmt, ist mein Schneider. Er nimmt jedes Mal neu Maß, wenn er mich trifft, während alle anderen immer die alten Maßstäbe anlegen in der Meinung, sie paßten auch heute noch.

(George Bernard Shaw)

Wenn jemand in einem Betrieb unverzichtbar ist, dann ist dieser Betrieb falsch organisiert.

(Andreas Hoff)

Zusammenarbeit – Arbeiten im Team

Eine Kommission ist eine Gruppe von Unwilligen, ausgewählt von einer Schar von Unfähigen zwecks Erledigung von etwas Unnötigem.

(Autor unbekannt)

Man muß manchmal von einem Menschen fortgehen, um ihn zu finden.

(Heimito von Doderer)

Im Moment des Zusammenkommens beginnt die Trennung.

(Singalesisches Sprichwort)

Jedermann kann für Leiden eines Freundes Mitgefühle aufbringen. Es bedarf aber eines wirklich guten Charakters, um sich über die Erfolge des Freundes zu freuen.

(Oscar Wilde)

Freude läßt sich nur ganz auskosten, wenn sich ein anderer mitfreut.

(Mark Twain)

Der Teufel hat die Welt verlassen, weil er weiß, daß die Menschen selber einander die Hölle heiß machen.

(Friedrich Rückert)

Einen sicheren Freund erkennt man in unsicherer Sache.

(Cicero)

Um ein tadelloses Mitglied einer Schafherde zu sein, muß man vor allem ein Schaf sein.

(Albert Einstein)

Unter zwei oder mehreren Verbündeten verpflichtet die Abmachung vor allem die Schwächeren.

(Kazimiers Bartoszewicz)

Der beste Weg, einen Freund zu haben, ist der, einer zu sein.

(Ralph Waldo Emerson)

Such Dir Deine Freunde mit Sorgfalt. Deine Feinde finden Dich schon alleine.

(Yassir Arafat)

Die Menschen sind aufeinander angewiesen: Bessere oder dulde sie.

(Marc Aurel)

Keine Schneeflocke in der Lawine wird sich je verantwortlich fühlen.

(Stanislaw Jerzy Lec)

Überzeugung – Motivation – Vertrauen

Wenn Du Menschen dazu bewegen willst, ein Schiff zu bauen, lehre sie nicht nur den Umgang mit Hammer und Säge, lehre sie vor allem die Sehnsucht nach dem Meer ...

(Antoine de Saint-Exupéry)

Das Gefährlichste an den Halbwahrheiten ist, daß fast immer die falsche Hälfte geglaubt wird.

(Hans Krailsheimer)

Wer einen Menschen bessern will, muß ihn zuerst respektieren.

(Romano Guardini)

Schauen Sie Ihren Mitarbeitern in die Augen, statt in ihre Personalakte.

(Autor unbekannt)

Herr K. zog die Stadt B. der Stadt A. vor.
In der Stadt A sagte er, liebt man mich;
aber in der Stadt B war man zu mir freundlich.
In der Stadt A machte man sich mir nützlich;
aber in der Stadt B brauchte man mich.
In der Stadt A bat man mich an den Tisch,
aber in der Stadt B bat man mich in die Küche.

(Bertold Brecht)

Treibe den Fluß nicht an, er fließt von selbst.

(Autor unbekannt)

In Schreibstuben und auf Paradeplätzen wird nicht
diskutiert, nicht überzeugt, nicht einmal überredet. Da
wird befohlen und gehorcht. Da reichen im Notfall ein
paar Verben, und zwar im Infinitiv.

(Erhard Eppler)

Noch niemand ist wirklich kreativ geworden, weil ihm
jemand eine Möhre vor die Nase gehalten hat. Ideen
bringen zwar Geld. Aber Geld bringt keine Ideen.

(Eduard Spranger)

Nichts begeistert Menschen stärker als ihr eigener
Fortschritt.

(Doppler / Lauterburg)

Die eigene Überzeugung ist die einzige, der man
wirklich folgt.

(Autor unbekannt)

Wir lieben Menschen, die frei heraus sagen, was sie
denken. Vorausgesetzt, sie denken dasselbe wie wir.

(Mark Twain)

Führen ist die Fähigkeit, einen Menschen dazu zu
bringen, das zu tun, was man will, wann man will,
wie man will, weil er selbst es will.

(Dwight D. Eisenhower)

Wie erreiche ich einen Menschen besser: Indem ich
ihm sage, was er zu tun hat, oder indem ich ihn frage,
was er zu tun gedenkt?

(Hans-Jürgen Krieg)

Überzeugung – Motivation – Vertrauen

Was dem Herzen widerstrebt, läßt der Kopf nicht ein.

(Arthur Schopenhauer)

Enthusiasmus ist das schönste Wort der Erde.

(Christian Morgenstern)

Ohne Begeisterung schlafen die besten Kräfte unseres Gemütes.

(Johann Gottfried Herder)

Ein Mensch erkennt: s'ist auch zum Guten,
mehr zuzutraun als zuzumuten.

(Eugen Roth)

Die Stimme der Vernunft ist leise, aber sie ruht nicht, ehe sie sich Gehör verschafft hat.

(Sigmund Freud)

Der einzige Tyrann, den ich in dieser Welt anerkenne, ist die leise innere Stimme.

(Mahatma Gandhi)

Delegieren heißt zurücktreten, damit andere starten können.

(Kenneth Blanchard)

Unser wichtigster Rohstoff ist die Bereitschaft zum Mitmachen.

(Reinhard K. Sprenger)

Begeisterung ist alles! Gib einem Menschen alle Gaben der Erde und nimm ihm die Fähigkeit zur Begeisterung, und Du verdammst ihn zum ewigen Tode.

(Adolf Wilbrandt)

Pflichten erfüllt man am besten, indem man sie zu Neigungen macht.

(Ingrid van Bergen)

Wenn Du Menschen führen willst, mußt Du hinter ihnen gehen.

(Laotse)

Begeisterung ist die bestbezahlte Eigenschaft der Welt.

(E. Böttger)

Wer Leistung fordert, muß Sinn bieten.

(Jürgen Fuchs)

Man kann Menschen nur von ihren eigenen Meinungen überzeugen.

(Charles Tschopp)

Jedem Narren gefällt seine Kappe.

(Altes deutsches Sprichwort)

Ein Diplomat ist eine Person, die Dir in solch einer Weise „Fahr zur Hölle" sagen kann, daß Du Dich noch auf die Reise freust.

(Caskie Stinett)

Überzeugung – Motivation – Vertrauen

Die Tatsache, daß jemand, der alles glaubt, glücklicher ist als einer, der alles anzweifelt, ist genauso richtig wie ein Betrunkener glücklicher ist als ein Nüchterner.

(George Bernard Shaw)

Man hat einen Menschen noch lange nicht bekehrt, wenn man ihn zum Schweigen gebracht hat.

(John Morley of Blackburn)

Worte verbinden nur, wo unsere Wellenlängen längst übereinstimmen.

(Max Frisch)

Was man mit Gewalt gewinnt, kann man nur mit Gewalt behalten.

(Mahatma Gandhi)

Vertrauen ist eine Oase des Herzens, die von der Karawane des Denkens nie erreicht wird.

(Khalil Gibran)

Mangel an Vertraulichkeit unter Freunden ist ein Fehler, der nicht gerügt werden kann, ohne unheilbar zu werden.

(Friedrich Nietzsche)

Sei nur Skeptiker, es gibt keinen besseren Weg als den fortwährenden Zweifelns. Denn nur, wer die Relativität jeder Meinung eingesehen hat, sieht zuletzt auch die Relativität dieser Einsicht ein.

(Christian Morgenstern)

Glaube mir, daß eine Stunde der Begeisterung mehr gilt als ein Jahr gleichmäßig und einförmig dahinziehenden Lebens.

(Christian Morgenstern)

Führen nach Außen – Öffentlichkeitsarbeit

Wer die Öffentlichkeit verliert, ist nicht mehr König.

(Aristoteles)

Öffentlichkeitsarbeit: Enten legen ihre Eier in aller Stille, Hühner gackern dabei wie verrückt. Was ist die Folge? Alle Welt ißt Hühnereier.

(Henry Ford)

Wenn sie einen Dollar in ihr Unternehmen stecken, so müssen sie einen zweiten bereithalten, um das bekanntzugeben.

(Henry Ford)

Öffentlichkeitsarbeit: Es fällt leichter, einen Unbekannten umzubringen.

(Bremme)

Schweigen ist der Brunnen der Gerüchte; Information ist der Tod der Gerüchte.

(chinesisches Sprichwort)

PR heißt: pausenlos rechtfertigen!

(Autor unbekannt)

Es ist gleich schwach und gefährlich, die öffentliche Stimme zu viel und zu wenig zu achten.

(Johann Gottfried Seume)

Unter einem Dementi versteht man in der Diplomatie die verneinende Bestätigung einer Nachricht, die bisher ein Gerücht gewesen ist.

(John B. Priestley)

Wer aufhört zu werben, um so Geld zu sparen, kann ebenso die Uhr anhalten, um Zeit zu sparen.

(Henry Ford)

Wenn ein junger Mann ein Mädchen kennenlernt und ihr erzählt, was für ein großartiger Kerl er ist, dann ist das Reklame. Wenn er ihr sagt, wie reizend sie aussieht, dann ist das Werbung. Wenn sie sich aber für ihn entscheidet, weil sie von anderen gehört hat, er sei ein feiner Kerl, dann sind das Public Relations.

(Alwin Münchmeyer)

Die Wahrheit muß billig sein, wenn man sie verkaufen will.

(Hermann Kesten)

Image ist Persönlichkeit in Pulverform, eine Art Instant Personality: Sofort fertig, sofort vergessen.

(Oliver Hassencamp)

Die Klage über die Stärke des Wettbewerbs ist nur das Eingeständnis des eigenen Mangels an Ideen.

(Autor unbekannt)

5.
Persönliche Eigenschaften

Diejenigen, die immer davon reden, daß wir doch alle in einem Boot sitzen, sind meist diejenigen,
die sich rudern lassen.
(Helmut Ruge)

Glaubwürdigkeit – Vorbild

Es gibt keine andere vernünftige Erziehung, als Vorbild zu sein: Wenn's nicht anders geht, ein abschreckendes.

(Albert Einstein)

Persönlichkeiten, nicht Prinzipien bringen die Zeit in Bewegung.

(Oscar Wilde)

Mitarbeiter lernen eher das, was man ihnen vormacht und weniger das, was man ihnen sagt.

(Autor unbekannt)

Lang ist der Weg durch Lehren, kurz und erfolgreich durch Beispiele.

(Seneca)

Wenige Dinge auf Erden sind lästiger als die stumme Mahnung, die von einem guten Beispiel ausgeht.

(Mark Twain)

Nichts erhält die Gesetze so wirksam wie ihre Anwendung gegen hochgestellte Personen.

(Tacitus)

Wirklich erfolgreich wird auf Dauer nur der sein, der den Schritt vom Lippenbekenntnis zum Credo schafft.

(Uwe Böning)

Das Beispiel des Höhergestellten sollte genug sein, um die Untergebenen mit Tugend auszustatten.

(Konfuzius)

Wenn ich nicht bei mir selbst anfange, wer macht es sonst?

(Autor unbekannt)

Das Vorbild ist der größte Versucher im guten wie im schlechten Sinne.

(Autor unbekannt)

In Dir muß brennen, was Du in anderen entzünden willst.

(Augustinus)

Wenn Du die Welt verändern willst, so mußt Du bei Dir selbst anfangen.

(George Bernard Shaw)

Wir sind nicht nur verantwortlich für das, was wir tun, sondern auch für das, was wir nicht tun.

(Jean Baptiste Molière)

Schlechte Beispiele sind wirksamer als gute Lehren.

(Fliegende Blätter)

Bescheidenheit ist der einzige Glanz, den man dem Ruhm hinzufügen darf.

(Duclos)

Es gibt gewisse Fehler, welche gut dargestellt, besser glänzen als Tugenden.

(François de la Rochefoucauld)

Viele Menschen glauben, wenn sie erst einen Fehler eingestanden haben, brauchen sie ihn nicht mehr abzulegen.

(Marie von Ebner-Eschenbach)

Differenzierte Bewußtseinshaltung – manche sagen Heuchelei dazu.

(FAZ)

Wer andere zum Erfolg führen will, sollte zunächst sein eigenes Leben erfolgreich gestalten können.

(Hardy Wagner)

Man erzieht durch das, was man sagt, mehr noch durch das, was man tut, am meisten durch das, was man ist.

(Ignatius von Antiochien)

Es sollte uns nachdenklich machen, daß im Deutschen einen anführen so viel heißt wie einen betrügen.

(Georg Christoph Lichtenberg)

Wer keine Anstöße gibt, erweckt keinen Anstoß.

(Roger de Weck)

Die Welt ist voll von Menschen, die Wasser predigen und Wein trinken.

(Giovanni Guareschi)

Jeder Mensch hat die Chance, mindestens einen Teil der Welt zu verbessern, nämlich sich selbst.

(Paul Anton de Lagarde)

Wer immer die Wahrheit sagt, kann sich ein schlechtes Gedächtnis leisten.

(Theodor Heuss)

Je mehr ein Mensch sich schämt, desto anständiger ist er.

(George Bernard Shaw)

Die Lüge ist wie ein Schneeball: Je länger man ihn wälzt, desto größer wird er.

(Martin Luther)

Glaubst Du, man könne in Bewunderung mit etwas verkehren, ohne es nachzuahmen?

(Platon)

Die beste Möglichkeit, Wort zu halten, ist, es nicht zu geben.

(Napoleon Bonaparte)

Verurteile niemanden, bevor Du nicht in seiner Lage warst.

(Talmud)

Es ist einfacher, für ein Prinzip zu kämpfen, als ihm gerecht zu werden.

(Adlai E. Stevenson)

Aller Eigensinn beruht darauf, daß der Wille sich an die Stelle der Erkenntnis gedrängt hat.

(Arthur Schopenhauer)

Mir imponieren nur die Ratschläge und Grundsätze, die der Ratgeber selbst beherzigt.

(Rosa Luxemburg)

Die Stärke eines Menschen zeigt sich in der Blöße, die er sich selber gibt.

(Elazar Benyoetz)

Handle so, daß die Maxime Deines Willens jederzeit zugleich als Prinzip einer allgemeinen Gesetzgebung gelten könnte.

(Immanuel Kant)

Wollt Ihr, daß man Gutes von Euch glaube? Dann sagt es nicht selber.

(Blaise Pascal)

Selbstmanagement – Selbstkritik

Ich möchte den Mut haben, zu ändern, was ich ändern kann, die innere Gelassenheit, mich mit dem abzufinden, was ich nicht ändern kann, und die Weisheit, den Unterschied zu erkennen.

(Pietistisches Gebet)

Wer Großes will, muß sich zusammenraffen. In der Beschränkung zeigt sich erst der Meister.

(Johann Wolfgang von Goethe)

Wer immerzu vielerlei tut, tut zu wenig Wesentliches.

(K. Sochatzky)

Wer etwas Großes will, muß sich zu beschränken wissen. Wer dagegen alles will, der will in der Tat nichts und bringt es zu nichts.

(Friedrich Hegel)

Verhalten kostet in der Regel kein Geld, sondern lediglich Selbstdisziplin.

(Autor unbekannt)

Nur wenige Führungskräfte sehen ein, daß sie letztlich nur eine einzige Person führen können und müssen, und diese Person sind sie selbst.

(frei nach Peter Zürn)

Selbstmanagement – Selbstkritik

Sicheres Auftreten ist nichts anderes als die Fähigkeit,
sich von seinem Unbehagen nichts anmerken zu lassen.

(Autor unbekannt)

Wer seine Träume verwirklichen will, muß aus ihnen
erwachen.

(André Siegfried)

Versuche nicht nur, alles richtig zu machen, sondern
mache vor allem die richtigen Sachen.

(Hardy Wagner)

Wer an seine Träume glaubt, verschläft sein Leben.

(chinesisches Sprichwort)

Nur die allergescheitesten Leute benutzen ihren
Scharfsinn nicht nur zur Beurteilung anderer,
sondern auch ihrer selbst

(Marie von Ebner-Eschenbach)

Nur die Oberflächlichen kennen sich selbst.

(Oscar Wilde)

Ein Mensch sieht ein – und das ist wichtig
nichts ist ganz falsch und nichts ganz richtig.

(Eugen Roth)

Nur wenn man seine eigenen Fehler durch ein Vergrößerungsglas betrachtet und mit denen seiner Mitmenschen genau das Gegenteil tut, kommt man zu einer gerechten Beurteilung beider.

(Mahatma Gandhi)

Wer sich kennt, kann sicher vor- und rückwärts gehen.

(Johann Wolfgang von Goethe)

Lampenfieber ist das wunderbare Gegenteil von Gewohnheit und Gleichgültigkeit.

(Roger de Weck)

Es ist sinnlos, von den Göttern zu fordern, was man selbst zu leisten vermag.

(Epikur)

Die meisten unserer Fehler erkennen und legen wir erst dann ab, wenn wir sie an anderen entdeckt und gesehen haben, wie sie denen stehen.

(Karl Gutzkow)

Jeder will lieber fremde Fehler verbessert haben als eigene.

(Marcus Fabius Quintilian)

Das Lächerliche ist wie schlechter Atem. Man bemerkt es nur bei anderen.

(Autor unbekannt)

Selbstmanagement – Selbstkritik

Wie glücklich viele Menschen wären, wenn sie sich genauso wenig um die Angelegenheiten anderer kümmern würden wie um die eigenen.

(Georg Christoph Lichtenberg)

Seine eigene Dummheit zu erkennen, mag schmerzlich sein, keinesfalls aber eine Dummheit.

(Oliver Hassencamp)

Wenn wir keine Fehler hätten, würden wir nicht mit so großem Vergnügen Fehler bei anderen entdecken.

(François de La Rochefoucauld)

Wer nicht zu sich selbst steht, verliert sich am Beispiel anderer.

(Hans Arndt)

Suche nicht andere, sondern Dich selbst zu übertreffen.

(Cicero)

Am meisten freut man sich über den guten Ruf, den man nicht verdient hat.

(Françoise Sagan)

Mit Adleraugen sehen wir die Fehler anderer, mit Maulwurfaugen unsere eigenen.

(Franz von Sales)

Satire ist ein Spiegel, in dem der Betrachter alle anderen Gesichter erkennt, nur nicht das eigene.

(Jonathan Swift)

Wer sich zum Wurm macht, soll nicht klagen, wenn er getreten wird.

(Immanuel Kant)

Der schlimmste aller Fehler ist, sich keines solchen bewußt zu sein.

(Thomas Carlyle)

Wende Dein Gesicht der Sonne zu, dann fallen alle Schatten hinter Dich.

(Lucius Annäus Seneca)

Entwirf Deinen Reiseplan im Großen – und laß Dich im einzelnen von der bunten Stunde treiben. Die größte Sehenswürdigkeit, die es gibt, ist die Welt – sieh sie Dir an.

(Kurt Tucholsky)

Andere beherrschen erfordert Kraft. Sich selbst beherrschen erfordert Stärke.

(Laotse)

Unsere Wünsche sind wie kleine Kinder: Je mehr man ihnen nachgibt, umso anspruchsvoller werden sie.

(Chinesische Weisheit)

Wer besitzt, der lerne verlieren, wer im Glück ist, der lerne Schmerz.

(Friedrich von Schiller)

Ohne vollendetes Selbstverständnis wird man nie andere wahrhaft verstehen lernen.

(Novalis)

Am wenigsten kennt ein jeder sich selber, und am schwersten fällt ihm das Urteil über seine eigene Person.

(Cicero)

Wer andere kennt, ist gescheit; wer sich selbst kennt, ist weise. Wer andere besiegt, hat Muskelkraft; wer sich selbst besiegt, ist stark. Wer genügsam ist, ist reich; wer sich durchsetzt, hat Willenskraft.

(Laotse)

Fordere viel von Dir selbst und erwarte wenig von anderen. So bleibt Dir mancher Ärger erspart.

(Konfuzius)

Die Freunde nennen sich aufrichtig, die Feinde sind es: Daher man ihren Tadel zur Selbsterkenntnis benutzen sollte, als eine bittere Arznei.

(Arthur Schopenhauer)

Die Nächstenliebe beginnt bei sich selbst.

(Johann Nepomuk Nestroy)

Wer in sich selbst verliebt ist, hat wenigstens bei seiner Liebe den Vorteil, daß er nicht viele Nebenbuhler erhalten wird.

(Georg Christoph Lichtenberg)

Glück ist allein der innere Friede. Lerne ihn finden.
Überwinde Dich selbst, und Du wirst die Welt
überwinden.

(Buddha)

Der Anfang der Gesundung liegt in der Erkenntnis des
Fehlers.

(Seneca)

Blicke in Dein Inneres : Dort ist die Quelle des Guten,
und wenn Du immer nachgräbst, kann sie immer
hervorsprudeln.

(Marc Aurel)

Wer daran zweifelt, daß Weisheit und Selbstaufgabe
untrennbar miteinander verbunden sind, der soll einmal
darauf achten, wie am anderen Ende Dummheit und
Egoismus immer Hand in Hand gehen.

(Lew Nikolajewitsch Tolstoi)

Ehrgeiz – Karriere

*Wer sich auf seinen Lorbeeren ausruht, trägt
sie ganz eindeutig an der falschen Stelle.*
(Peter Kostelka)

Wer sich zu lange im Spiegel betrachtet, verliert sein Gesicht.

(Martin Kessel)

Nichts macht uns feiger und gewissenloser als der Wunsch, von allen geliebt zu werden.

(Marie von Ebner-Eschenbach)

Fleiß und Talent: ohne beide ist man nie ausgezeichnet, jedoch im höchsten Grade, wenn man sie in sich vereint. Mit dem Fleiß bringt ein mittelmäßiger Kopf es weiter als ein überlegener ohne denselben.

(Gracian)

Wenige Menschen denken, und doch wollen alle
entscheiden.

(Friedrich der Große)

Wer schon lange auf dem Sprung ist, springt am Ende
zu kurz.

(Klofat)

Lasse Deine Vorgesetzten nie wissen, daß Du besser
bist als sie.

(Autor unbekannt)

Man fällt selten über seine Fehler. Man fällt meistens
über seine Feinde.

(Kurt Tucholsky)

Mit der Intrige ist der Mensch eben spurloser zu
übertrumpfen, als mit dem Dolch.

(Gustav Adolf Pourroy)

Ehrgeiz ist die letzte Zuflucht des Mißerfolges.

(Oscar Wilde)

Unfähigkeit schützt nicht vor Karriere.

(Murphy's Gesetz)

Der Versuch, jedem gerecht zu werden, führt zum
Mißerfolg.

(Herbert Swope)

Ehrgeiz – Karriere

Jeder Erfolg schafft uns einen Feind. Man muß
mittelmäßig sein, wenn man beliebt sein will.

(Oscar Wilde)

Es gibt zwei Arten von Mitarbeitern, aus denen nie
etwas wird: Die, die nie tun, was man ihnen sagt und
die, die immer tun, was man ihnen sagt.

(Christopher Morley)

Am besten macht man Karriere, wenn man für
jemanden arbeitet, der Karriere macht.

(M.S. Kellog)

Wer Freiheiten aufgibt, um Sicherheit zu gewinnen,
verdient weder Freiheit noch Sicherheit.

(Benjamin Franklin)

Ein Mensch ist sonst ein Denk-Genie,
nur eins: an andre denkt er nie!

(Eugen Roth)

Wer sich selbst in die Würdelosigkeit und Unfreiheit
des Funktionierens begab, wird auch zu fremder Würde
und fremder Freiheit kein sinnvolles Verhältnis finden.

(Rupert Lay)

Wer höher aufsteigt als er sollte,
fällt tiefer als er wollte.

(Hans Christian Schrader)

Willst Du, daß man Gutes von Dir sagt, sag es nicht selber.

(Blaise Pascal)

Man kann auch hinauf fallen. Und solche Fälle sind die tiefsten.

(Peter Hille)

Wenn der Ehrgeiz nicht mit Können gepaart ist, greifen die Mäuse die Katzen an.

(Karl Peltzer)

Bestimmte Menschen müssen nach oben, weil sie unten Unheil stiften.

(Dieter Hildebrandt)

Nur wer kriecht, kann nicht stolpern.

(Autor unbekannt)

Ich glaube nicht an Zufall. Die Menschen, die in der Welt vorwärts kommen, sind die Menschen, die aufstehen und nach dem von ihnen benötigten Zufall Ausschau halten.

(George Bernard Shaw)

Man empfindet es oft als ungerecht, dass Menschen, die Stroh im Kopf haben, auch noch Geld wie Heu besitzen.

(Gerhard Uhlenbruck)

Die Japaner erobern den Weltmarkt mit unlauterem Wettbewerb: Sie arbeiten während der Arbeitszeit.

(Ephraim Kishon)

Der Neid ist die aufrichtigste Form der Anerkennung.

(Wilhelm Busch)

Das Ideal der Gleichheit ist deshalb so schwer zu erreichen, weil die Menschen Gleichheit nur mit jenen wünschen, die über ihnen stehen.

(John B. Priestley)

Ein Jubiläum ist ein Datum, an dem eine Null für eine Null von mehreren Nullen geehrt wird.

(Peter Ustinov)

Das Merkwürdige an den Statussymbolen ist, dass die Symbole den Menschen wichtiger sind als der Status.

(Cyril Northcote Parkinson)

Manche Leute drücken nur deshalb ein Auge zu, um besser zielen zu können.

(Billy Wilder)

Ein guter Charakter kann zuweilen den Erfolg im Leben außerordentlich behindern.

(Oscar Wilde)

Der Umstand, daß wir Feinde haben, beweist klar genug, daß wir Verdienste besitzen.

(Ludwig Börne)

Vergib Deinen Feinden, aber vergiß niemals ihre Namen.

(John F. Kennedy)

Es erfordert größere Tugenden, das gute Geschick zu ertragen als das Böse.

(François de La Rochefoucauld)

Wir neigen dazu, Erfolge eher nach der Höhe unserer Gehälter oder nach der Größe unserer Autos zu bestimmen als nach dem Grad unserer Hilfsbereitschaft und dem Maß unserer Menschlichkeit.

(Martin Luther King)

Kein Breitengrad, der nicht dächte, er wäre Äquator geworden, wenn alles mit rechten Dingen zugegangen wäre.

(Hellmut Walters)

Was alle erfolgreichen Menschen miteinander verbindet, ist die Fähigkeit, den Graben zwischen Entschluß und Ausführung äußerst schmal zu halten.

(Peter F. Drucker)

Es ist mehr Wert, jederzeit die Achtung der Menschen zu haben, als gelegentlich ihre Bewunderung.

(Jean-Jacques Rousseau)

Wer nicht mit dem zufrieden ist, was er hat, der wäre auch nicht mit dem zufrieden, was er haben möchte.

(Berthold Auerbach)

Aschehaufen haben es gern, wenn man sie für
erloschene Vulkane hält.

(Wieslaw Bruzinski)

Der Sklave will nicht frei werden. Er will
Sklavenaufseher werden.

(Gabriel Laub)

Leute, die auf Rosen gebettet sind, verraten sich
dadurch, daß sie immerzu über die Dornen jammern.

(Françoise Sagan)

Die Menschen drängen zum Lichte – nicht um besser
zu sehen, sondern um besser zu glänzen.

(Friedrich Nietzsche)

Viel von sich reden, kann auch ein Mittel sein, sich zu
verbergen.

(Friedrich Nietzsche)

Arm ist nicht der, der wenig hat, sondern der, der nicht
genug bekommen kann.

(Jean Guehenno)

Bei vielen Erfolgsmenschen ist der Erfolg größer als
die Menschlichkeit.

(Daphne du Maurier)

Wer zu laut und zu oft seinen eigenen Namen kräht, erweckt den Verdacht, auf einem Misthaufen zu stehen.

(Otto von Leixner)

Bescheidenheit bei mittelmäßigen Fähigkeiten ist bloße Ehrlichkeit. Bei großen Taten ist sie Heuchelei.

(Arthur Schopenhauer)

Wer glaubt, etwas zu sein, hat aufgehört, etwas zu werden.

(Phillip Rosenthal)

Ruhm ist ein Gift, das der Mensch nur in kleinen Dosen verträgt.

(Honoré de Balzac)

Man mache sich nicht lustig über die, die sich um ihrer Ämter und Aufgaben willen ehren lassen, denn man liebt die Menschen nur um geborgter Eigenschaften willen.

(Blaise Pascal)

Man muß die Menschen nicht nach ihren Meinungen beurteilen, sondern nach dem, was diese Meinungen aus ihnen machen.

(Georg Christoph Lichtenberg)

Wahre Seelengröße sieht das sittliche Gut in Taten, nicht in äußerer Berühmtheit, und sie zieht es vor, angesehen zu sein, und nicht zu scheinen.

(Cicero)

Durchschnittsmenschen glauben, sich so schnell wie möglich verewigen zu müssen, damit die Herrlichkeit nicht ausstirbt.

(Theodor Fontane)

Man darf mit Erlaubnis der Oberen zwar dumm, aber nicht ohne sie klug sein.

(Jean Paul)

Manche Leute, die Karriere machen wollen, sind wie Efeu: Kriechend wachsen sie über sich selbst hinaus.

(Herbert Dobrovolny)

Verhalten als Chef

Herrscht ein Großer, so weiß das Volk kaum, daß er da ist. Die Geschäfte gehen ihren Lauf und alle denken, das haben wir allein vollbracht.

(Konfuzius)

Macht erlaubt nicht nur, nicht lernen zu müssen, sie gestattet auch, unverständlich zu reden.

(Erhard Eppler)

Ein Führer, das ist einer, der die anderen unendlich nötig hat.

(Antoine de Saint-Exupéry)

Nur der ist ein guter Führer, von dem man am Ziele sagt: Wozu haben wir ihn eigentlich gebraucht?

(Laotse)

Den Charakter eines Menschen erkennt man erst dann, wenn er Vorgesetzter geworden ist.

(Erich Maria Remarque)

Diejenigen, die immer davon reden, daß wir doch alle in einem Boot sitzen, sind meist diejenigen, die sich rudern lassen.

(Helmut Ruge)

Autorität ist das Vermögen, die Zustimmung anderer zu gewinnen.

(Bertrand de Jouvenel)

Erstklassige Männer (und Frauen) leisten sich erstklassige Mitarbeiter/-innen, zweitklassige nur drittklassige. Schwache Führungskräfte haben gern schwache Untergebene.

(Kurt Groß)

Persönlichkeit ist das, was übrig bleibt, wenn man Ämter, Orden und Titel von einer Person abzieht.

(Wolfgang Herbst)

Es gibt Menschen, deren Berufung in ein Amt eine Beleidigung ihres Vorgängers ist.

(Robert Lembke)

Wo die Sonne der Weisheit am tiefsten steht, werfen selbst Zwerge große Schatten.

(Karl Kraus)

Wenn man einen Riesen sieht, so untersuche man erst den Stand der Sonne und gebe acht, ob es nicht der Schatten eines Pygmäen ist.

(Novalis)

Ein Herrscher, der nicht von sich aus weise ist, kann nicht gut beraten werden.

(Niccolo Macchiavelli)

Ausgeglichen nennen wir eine Führungskraft, die denselben Fehler zweimal machen kann, ohne nervös zu werden.

(Autor unbekannt)

Ein Vorgesetzter ist ein Mensch, der sich zurückgesetzt fühlt, wenn er nicht vorgezogen wird.

(Autor unbekannt)

Führungskräfte sind nicht dafür da, daß alles so weiterläuft, wie wenn sie nicht da wären!

(Autor unbekannt)

Ein Direktor ist ein Mann, der die Besucher empfängt, damit die Mitarbeiter ungestört arbeiten können.

(Autor unbekannt)

Manager verbrauchen 20% ihrer Zeit mit produktiver Arbeit, 80% mit der Verteidigung ihrer Schreibtischsessel.

(Gerd Hohenstein)

Der Manager ist die Krone der Erschöpfung.

(Werner Mitsch)

Manche Manager gehen nach dem Herodes-Prinzip vor: Sie suchen nach dem besten Nachfolger und sorgen dafür, daß er gefeuert wird.

(Georg Bowles)

Wenn man einen Menschen beurteilen will, so frage man sich immer: Möchtest Du den zum Vorgesetzten haben?

(Kurt Tucholsky)

Man muß die Leute an ihren Einfluß glauben lassen –
Hauptsache ist, daß sie keinen haben.

(Ludwig Thoma)

Wer selbst arbeitet, verliert die Übersicht.

(Autor unbekannt)

Es gibt nur eine Ausflucht vor der Arbeit: andere für sich arbeiten lassen.

(Autor unbekannt)

Führung ist kompliziert. Sie wird nicht einfacher dadurch, daß so viele meinen, sie könnten das.

(Manfred Rommel)

Im Militär muß folgender Grundsatz gelten: Faule und dumme Soldaten werden nicht befördert. Dumme und fleißige Soldaten werden entlassen, denn die richten Schaden an. Intelligente und fleißige Soldaten werden Offiziere; aber intelligente und faule werden Generäle, denn die delegieren.

(Helmuth von Moltke)

Wenn's Licht nicht brennt, liegt's meistens an der Leitung.

(Karl Valentin)

Ihr Knechte seid untertan mit aller Furcht den Herren, nicht allein den gütigen und gelinden, sondern auch den wunderlichen.

(1 Petrus 2, 18)

Ein guter Chef nimmt heute von seinen Mitarbeitern weitaus mehr Belehrungen entgegen, als er diesen erteilt.

(Manfred Rommel)

Der Wert eines Menschen bestimmt sich nach seiner Freiheit: Nach der, die er hat, und nach der, die er bewilligt.

(Otto Flake)

Ein Mensch – das trifft man gar nicht selten –, der selbst nichts gilt, läßt auch nichts gelten.

(Eugen Roth)

Machtdenker sind schnell im Austausch von Begriffen, tun sich aber schwer mit wirklichem Nachdenken.

(G. Jan Wolters)

Führ ihn Schritt für Schritt, teil ihm alles mit, laß ihn es selbst versuchen, laß ihn Erfolg verbuchen.

(Reiner Czichos)

Eine große Bank muß auch dann reibungslos arbeiten können, wenn alle Vorstandsmitglieder anwesend sind.

(Autor unbekannt)

Ein Beamter ist oft ein Mann, der sich durch den Fleiß seiner Untergebenen auszeichnet.

(Fliegende Blätter)

Wenn ein Fürst ohne Verstand ist, so geschieht viel Unrecht.

(Bibel, Sprüche 28,16)

Eine Führungskraft schriebt nicht, sie unterschreibt.

(Autor unbekannt)

Beamte sind wie die Bücher in einer Bibliothek: die am wenigsten brauchbaren sind am höchsten plaziert.

(David Gregory Mason)

Ich würde Dir die Hälfte meines Reiches schenken, wenn Du mich lehren würdest, die andere Hälfte zu regieren.

(Zar Peter der Große)

Wem Gott ein Amt gibt, dem gibt er auch den Verstand.

(Autor unbekannt)

Es stört mich nicht, was meine Minister sagen, – so lange sie tun, was ich ihnen sage.

(Margret Thatcher)

Ob ein Mensch ein Gentleman ist, erkennt man an seinem Benehmen denjenigen Menschen gegenüber, von denen er keinen Nutzen hat.

(William Lyon Phelps)

Der Mensch kann wohl die höchsten Gipfel erreichen, aber verweilen kann er dort nicht lange.

(George Bernard Shaw)

Streß ist ein Bazillus, der von Unsicheren in leitenden Stellungen auf die Mitarbeiter übertragen wird.

(Oliver Hassencamp)

Die einen erkennt man an ihren Taten, die anderen an ihrem Getue.

(Martin Kessel)

Disziplin ist die Fähigkeit, dümmer zu erscheinen als der Chef.

(Hans Schwarz)

Gewalt ist die letzte Zuflucht der Inkompetenz.

(Isaac Asimov)

Macht besitzen und nicht ausüben ist wahre Größe.

(Friedl Beutelrock)

Der Steuermann umgab sich gern mit Nullen. Er hielt sie für Rettungsringe.

(Stanislaw Jerzy Lec)

Menschen, die wie Götter verehrt werden, verlieren mit der Zeit tatsächlich ihre menschlichen Züge.

(Stanislaw Jerzy Lec)

Wer aufgrund seines Reichtums und seiner Ehrenstellung einen höheren Rang einnimmt, ist nicht groß. Er erscheint nur so groß, weil man ihn mit dem Sockel mißt.

(Seneca)

Im Schatten eines mächtigen Baumes gedeihen keine saftigen Früchte.

(Altes deutsches Sprichwort)

Ein wahrhaft großer Mann wird weder einen Wurm zertreten noch vor dem Kaiser kriechen.

(Benjamin Franklin)

Als er sich endlich eine Position geschaffen hatte, die es ihm erlaubte, alles zu sagen, was er dachte, dachte er nur noch an seine Position.

(Gabriel Laub)

Das meiste, was wir als Führung bezeichnen, besteht darin, den Mitarbeitern die Arbeit zu erschweren.

(Peter F. Drucker)

Willst Du den Charakter eines Menschen kennenlernen, so gib ihm Macht.

(Abraham Lincoln)

Manche Menschen sind wie Berge: Je höher, desto eisiger.

(Ernst Hauschka)

Wer am Ruder sitzt, reißt selten das Steuer herum.

(Gerhard Uhlenbrock)

Jeder hat so viel Recht, wie er Gewalt hat.

(Benedictus Spinoza)

Alle Wirtschaftsprobleme wären zu lösen, wenn man die Selbstgefälligkeit steuerpflichtig machte.

(Jacques Tati)

Zu großes Ansehen ist für die geistige Gesundheit nicht gut.

(George Bernard Shaw)

Manche sind so verkalkt, daß sie sich für ein Denkmal halten.

(Stanislaw Jerzy Lec)

Die meisten Denkmäler sind hohl.

(Stanislaw Jerzy Lec)

Eine der erstaunlichsten Erscheinungen ist, daß man sich einbildet, von abhängigen Menschen unabhängige Meinungen erwarten zu dürfen.

(Sigmund Graff)

Wer sich zu groß fühlt, um kleine Aufgaben zu erfüllen, ist zu klein, um mit großen Aufgaben betraut zu werden.

(Jacques Tati)

Mancher Uhu meint, die Nacht komme seinetwegen.

(Karlheinz Deschner)

Je älter ich werde, um so mehr sehe ich ein: Laufen lassen, wo nicht Amtspflicht das Gegenteil fordert, ist das allein Richtige.

(Theodor Fontane)

Chefs sind auch nur Menschen – sie wissen es nur nicht.

(Kurt Schwarzer)

Wem Gott ein Amt gibt, dem gibt er auch Verstand – nur werden die Ämter leider nicht von Gott vergeben.

(Gerhard Uhlenbuck)

Führungskunst heißt im Extremfall, den Mitarbeiter so über den Tisch zu ziehen, daß er die dabei entstehende Reibungswärme als Nestwärme empfindet.

(Autor unbekannt)

Nicht jeder, der fest im Sattel sitzt, kann auch reiten.

(Tim Snolden)

Zwerge bleiben Zwerge, auch wenn sie auf den Alpen sitzen.

(August von Kotzebue)

*Wo die Sonne der Weisheit am tiefsten steht,
werfen selbst Zwerge große Schatten.*
(Karl Kraus)